SÁNESE

con los

ÁNGELES

Otros títulos en español de Hay House

ॐ ॐ ॐ

Todos los libros anteriores están disponibles en
su librería local, o pueden ser ordenados visitando
algunas de las siguientes páginas de Internet de Hay House:
Hay House EE.UU.: **www.hayhouse.com**

Página de la doctora Virtue: **www.AngelTherapy.com**

SÁNESE con los ÁNGELES

Cómo pueden los ángeles ayudarlo en todas las áreas de su vida

❧ ❧ ❧

Por la doctora DOREEN VIRTUE

HAY HOUSE, INC.
Carlsbad, California • New York City
London • Sydney • Johannesburg
Vancouver • Hong Kong • New Delhi

Derechos reservados © 1999 por Doreen Virtue

Publicado y distribuido en los Estados Unidos por: Hay House, Inc., P.O. Box 5100, Carlsbad, CA 92018-5100 • *Teléfono*: (760) 431-7695 ó (800) 654-5126 • *Fax*: (760) 431-6948 ó (800) 650-5115 • www.hayhouse.com

Editorial: Jill Kramer • *Diseño:* Jenny Richards

Traducido del inglés por: Adriana Miniño: **adriana@mincor.net**

Título del original en inglés: HEALING WITH THE ANGELS

ISBN 13: 978-1-4019-0692-4
ISBN 10: 1-4019-0692-3

Impresión 1: enero 2006
Impresión 9: mayo 2008

Impreso en los Estados Unidos

Dedicado a todos aquellos que hacen el papel de ángeles,
tanto en el cielo como en la tierra.
Gracias por su amor, dedicación y servicio.
Les ruego que sigan teniendo paciencia con nosotros,
mientras aprendemos cómo aceptar sus obsequios
con gracia y gratitud.

Contenido

Agradecimientos

Gracias a Dios, al Espíritu santo, a Jesús, a Frederique, a Pearl y a todos mis otros guías y ángeles. Todo mi amor y mi gratitud a Louise L. Hay, Reid Tracy, Jill Kramer, Christy Salinas, Jeannie Liberati, Jenny Richards, Margarete Nielsen, Jacqui Clark, Kristina Tracy, Karen Johnson, Ron Tillinghast, Joe Coburn, Anna Almanza, Suzy Mikhail, Adrian Sandoval y Lisa Kelm.

Aprecio profundamente la ayuda angélica recibida de Steve Prutting, Charles Schenk, Bronny Daniels, Janine Cooper y Jennifer Chipperfield. Gracias a todos los hombres y mujeres maravillosos a quienes les hice sesiones con sus ángeles; y bendiciones angélicas a todos mis clientes y alumnos, quienes me permitieron transcribir sus casos y sus historias en este libro.

Introducción

No es su imaginación. Ahora más que nunca los ángeles *están* entre nosotros, y no solamente desde el punto de vista comercial. Cada vez un número más grande de personas están informándonos sobre sus encuentros con estos seres celestiales. En estos encuentros, los ángeles les entregan mensajes oportunos, remedios para su sanación y acciones a llevar a cabo para salvar sus vidas.

¿Por qué los ángeles están rondando ahora nuestro planeta más que antes? En parte es gracias a nuestras plegarias implorando la ayuda celestial; y porque Dios y los ángeles saben que es hora de que comencemos a sanarnos nosotros mismos, nuestras vidas y nuestro mundo. Mientras avanzamos en el cambio de milenio, los ángeles nos están ayudando a sanarnos de los desafíos y de las enfermedades que no nos permiten vivir a nuestro máximo potencial.

Los ángeles están aquí para enseñarnos que el amor de Dios responde a todas nuestras peticiones y desafíos. Están aquí para sanarnos de los efectos del miedo. Son sanadores poderosos, y usted puede trabajar con ellos para acelerar el trabajo de sanación que están intentando realizar en usted. Cuanto más invitemos a los ángeles en nuestras vidas, más rápidamente reflejaremos el esplendor celestial en todos nuestros actos.

No hay límites en el poder sanador de los ángeles. Ellos

nos pueden ayudar a sanar nuestras relaciones, asuntos profesionales, finanzas, viviendas y cualquier otro desafío que nos esté perturbando. Tan solo tenemos que seguir unos cuantos pasos para ayudar a los ángeles... a ayudarnos:

1. Pedir. La ley del Libre Albedrío dice que los ángeles no pueden intervenir en nuestras vidas sin nuestro consentimiento expreso. La única excepción a esta regla es cuando estamos en una situación de riesgo de muerte, antes de que se manifieste el momento de dejar este mundo. En todos los otros casos, debemos pedir la ayuda de los ángeles.

Usted se preguntaría ¿Cómo debo pedir? No es necesaria una invocación formal para invitar a los ángeles a que lo asistan. Tan solo tiene que pensar: *¡ángeles!* y ellos responderán de inmediato. Usted, como cualquier otra persona tiene dos o más ángeles guardianes a su lado desde su nacimiento hasta su muerte. Nada que pueda llegar a hacer, decir o pensar hará que sus ángeles lo abandonen o lo amen menos. Su amor por usted es poderoso e incondicional.

Usted también puede pedir más ángeles en su vida, ya sea pedirle a Dios que le envíe más ángeles o invocar sus ángeles directamente. Los dos métodos son idénticos porque los ángeles siempre responden a la voluntad de Dios. Y Dios siempre está listo para enviarle ángeles que lo protejan cada vez que usted lo pida.

2. Entregar el problema. Antes de que Dios y los ángeles puedan sanar su situación, usted debe entregarla por completo a ellos. Es como escribir una carta y enviarla por correo. Primero debe liberar la carta de sus manos antes de que la oficina de correos pueda enviarla. Muy a menudo pedimos ayuda al cielo, pero en vez de dejar que esto suceda, nos aferramos a la situación, bloqueando así la habilidad de intervenir de los ángeles. Si usted de verdad desea ayuda, ¡entréguele por completo su problema a Dios y a los ángeles!

3. Confíe en Dios. No es necesario entregarle a Dios y a los ángeles un libreto en donde especifiquemos los pasos que deseamos que lleven a cabo para resolver nuestra situación. Más bien, debemos confiar en su infinita sabiduría y creatividad, para que encuentre una solución mucho mejor que la que nuestras mentes humanas puedan llegar jamás a imaginar. Recuerde: ¡La voluntad de Dios es que usted sea feliz!

4. Siga las instrucciones de Dios. Después de entregarle su problema a Dios y a los ángeles, es posible que ellos le pidan que realice algunos pasos humanos para resolver la situación. Estas directrices le llegarán como una voz, o como un sueño, visión, certeza o intuición.

Si no está seguro de la fuente de estos mensajes, pídale a Dios una confirmación. Dios y los ángeles siempre le darán su amor y sus mensajes de apoyo, así es que si en algún momento recibe una directriz que le ocasione temores o dolor, ¡no la siga! Sin embargo, si mantenemos a Dios muy cerca en nuestros corazones y en nuestras mentes, no tenemos que preocuparnos porque los llamados ángeles caídos puedan intervenir en nuestras vidas. El amor de Dios es el único poder que existe. Las formas de pensamientos que corresponden al miedo y a la oscuridad, son ilusiones que solo pueden "perjudicarnos" si les damos el poder de hacerlo.

Por consiguiente, después de que les haya pedido ayuda a los ángeles, esté atento a los mensajes divinos que lo dirigirán hacia la resolución de sus problemas. Estas directrices son las respuestas a sus plegarias y es entonces cuando debe tomar acción para ayudar a Dios a ayudarlo. Algunas veces, estas directrices se basarán en acciones a tomar, y los ángeles le pedirán, por ejemplo, que vaya a un lugar o que llame a una cierta persona.

En otras ocasiones, las directrices envuelven su mente y su corazón, como en el caso en que los ángeles le piden que se perdone a sí mismo o que perdone a alguien más. No importa lo que digan los mensajes, sepa que ellos vienen de la Fuente de todas las sanaciones y soluciones. Al seguir las directrices, su situación se sanará por completo.

No existe una situación demasiado grande o demasiado pequeña para los ángeles. Ya sea que desee encontrar un lugar para estacionar su vehículo, dinero para pagar sus cuentas o mejorar su salud, los ángeles siempre estarán felices de ayudarlo. Su recompensa más grande es su felicidad. Y si es la voluntad de Dios, ellos le darán todo lo que le brinde esa felicidad. Después de todo, la dicha es su derecho natural, ¡y usted se la merece!

Sanar a otra persona

¿Qué sucede si usted desea que los ángeles sanen a otra persona? Por ejemplo, si desea que los ángeles ayuden a una persona amada que está necesitando ayuda, o a un grupo de personas que ha visto en el noticiero y por la cuales usted siente compasión.

Siempre es un acto de amor pedirle a Dios que envíe a sus ángeles para ayudar a otras personas. No es una violación de su libre albedrío, ya que ellos pueden decidir si escuchan los mensajes de los ángeles o no. Por el contrario, siempre es una buena idea pedirles a los ángeles que asistan a los demás. Dios, en especial, responde rápidamente a su solicitud cuando proviene de padres que desean que los ángeles cuiden a sus hijos.

Los ángeles jamás usurparán la voluntad de Dios. Si para su ser amado ha llegado "su momento", los ángeles le brindarán consuelo y alegría durante sus últimos días en la Tierra. Una oración maravillosa que usted puede enviar desde su corazón es: "Hágase tu voluntad." De esa manera, puede ahorrarse penas innecesarias, y puede estar tranquilo porque Dios está haciéndose cargo de todo perfectamente.

El arcángel Rafael:
El sanador supremo entre los ángeles

En caso de problemas físicos tales como enfermedades o dolor, no existe un sanador mejor en el reino angélico que el arcángel Rafael, cuyo nombre significa "Dios sana." Él puede liberarlo instantáneamente del sufrimiento. Rafael brilla con una hermosa energía sanadora color verde esmeralda. A menudo, el arcángel rodea las partes que le duelen de su cuerpo con su luz sanadora. La luz actúa como un bálsamo suavizante y como un detonante para lograr sanaciones totales e instantáneas.

Rafael, al igual que todos los moradores del mundo espiritual, puede acudir simultáneamente al llamado de todo aquel que lo invoque. No los restringen las limitaciones de tiempo o espacio. Así es que cuando lo llamen, nunca deben temer el estar interfiriendo con los demás deberes de Rafael.

El arcángel sanador viene a su lado en el instante en que lo llame. Puede hacerlo en forma de pensamiento o diciendo en voz alta: "Rafael, ¡por favor, ayúdame!" Rafael también acudirá al lado de sus seres amados, cuando usted así lo solicite.

Rafael es un sanador poderoso que actúa como un cirujano espiritual para liberar su cuerpo y su mente del temor y de la oscuridad. Algunas veces, sin embargo, invocamos a Rafael y luego interferimos en su función sanadora. Por ejemplo, no le permitimos el acceso a nuestros "secretos culposos" para que pueda extraerlos de nosotros. O tratamos de "ayudarlo" diciéndole lo que tiene que hacer. Aunque nuestras intenciones sean buenas, nuestras acciones humanas entorpecen las acciones del arcángel. Por lo tanto, después de invocar a Rafael, es mejor dejarlo que tenga acceso total a nuestra mente, cuerpo y corazón. De esta manera, él puede realizar su función otorgada por Dios para sanarnos por completo.

No importa si es por una uña encarnada o por una enfermedad en apariencia terminal, invoque a Dios y a los ángeles en busca de ayuda. Ellos no desean que esperemos hasta que estemos desesperados o aterrorizados para llamarlos. Esto es así, tal como los ángeles escribieron a través de mí en el libro, *Angel Therapy (Terapia de los ángeles):*

> Invoca las creaciones celestiales de Dios para pedir ayuda y asistencia tan pronto como estés consciente de tu sufrimiento interno. Una buena ama de casa que advierte el olor a humo no espera hasta estar completamente consumida por las llamas antes de llamar al cuerpo de bomberos. En ese momento, una llamada será casi inútil. No esperes hasta que estés agobiado por un

miedo enorme para invocar a Dios.

En un momento así, al igual que en todas las ocasiones, Él te enviará la ayuda y el consuelo necesarios. Aun así, es posible que no sientas Su abrazo amoroso por algunos momentos, porque seguramente has puesto una gran barrera de miedo entre tú y el cielo. Aún más inteligente es aquel que aprende a supervisar su propio bienestar, y que jamás duda en invocar la creación celestial de todo tipo en busca de ayuda y consuelo.

Aprende esta lección, querido niño, y recuerda siempre que debes cuidar tu ser interior pidiendo ayuda cuando la necesites. De esa manera, el ciclo repetitivo de tu miedo no aparecerá en tu vida como crueles arrebatos, sino más bien como suaves intrusiones que no lograrán erosionar tu paz mental.

Los ángeles están aquí para ayudarlos a sanar su vida y ellos quieren que ustedes les pidan su ayuda.

CAPÍTULO UNO

Bendiciones y desafíos del camino espiritual

¿Qué lo condujo hacia la profundización de la espiritualidad? ¿Un deseo de explorar las *verdades* de la vida? ¿La búsqueda de la felicidad, la realización y el amor interno? ¿Una tragedia o un suceso milagroso que lo impulsó a explorar el lado espiritual de la existencia? ¿O quizás se sintió intrigado por el ejemplo de alguien: una persona espiritual a quien usted admira?

Sea lo que sea que lo haya atraído a este camino, el punto en común fue su deseo de mejorar su vida. Ya sea que esté en la búsqueda de iluminación, respuestas, nuevas herramientas o paz mental, usted cree que la espiritualidad tiene algo positivo que ofrecerle.

La felicidad es una santa virtud

Algunos de mis clientes fueron criados bajo religiones que promueven el sufrimiento como una virtud. Estos sistemas de creencias aplauden los estilos de vida de los mártires, creando un terreno en donde prolifera la culpa, el miedo y el resentimiento. Cuando estos individuos dan un salto hacia el camino espiritual que promete felicidad y abundancia, se ponen nerviosos. Se preguntan en secreto: *¿Acaso la felicidad y la abundancia son metas "correctas"?*

Aquellos educados en las ideologías cristianas aprenden que Jesucristo enseñó que es más fácil que un camello pase por el ojo de una aguja que un rico entre al reino de los cielos. Sin embargo, en otros pasajes, Jesucristo enfatizó que debemos llamar a la puerta y esta se abrirá. En numerosas ocasiones, nos pidió que tuviéramos fe en que nuestras necesidades materiales estarían cubiertas.

La mayoría de los aspirantes espirituales entienden que Jesucristo no quería decir que el dinero fuera malo. Lo que quiso decir fue que la *obsesión* por el dinero era un escollo para la felicidad en esta vida, y en la vida después de la muerte. Sin embargo, la obsesión por el dinero es un arma de doble filo: Aquellos que se preocupan eternamente porque no tendrán lo suficiente para pagar sus cuentas son espiritualmente idénticos, a aquellos que acumulan obsesivamente su dinero. Estos dos tipos de personas obsesionadas con el dinero, están enraizadas en el miedo de no tener suficiente. Y es éste, el miedo soterrado, el que permanece siempre al acecho, el que nos priva de la felicidad.

Cuando creemos que el sufrimiento y las carencias son normales, o si creemos que son pruebas de Dios, aceptamos el dolor como parte de la vida. Sin embargo, cuando creemos que Dios es cien por ciento amor abundante y que sus creaciones son a Su imagen y semejanza, tenemos que creer que Él no creó el dolor ni las limitaciones.

En mis largas conversaciones con Dios, los ángeles y Jesús, me he convencido de que Dios no quiere que suframos en lo absoluto. Dios, como cualquier padre amoroso, desea que tengamos vidas felices, en paz y seguras. Él desea que enfoquemos nuestro tiempo y nuestra energía en ayudar a los demás, usando nuestros talentos e intereses naturales. Cuando ayudamos a los demás, Él se ocupa de proveernos el dinero, la inteligencia y la creatividad suficientes para cubrir todas nuestras necesidades. Dios sabe que si nos preocupamos porque no tenemos lo suficiente, desperdiciamos nuestro tiempo y energía en lugar de usarlos para algo más provechoso.

¡Dios y los ángeles *desean* verdaderamente ayudarnos! Sin embargo, debido a la ley del libre albedrío, solo nos pueden ayudar si se lo pedimos. Este libro lo ayudará a conocer las exquisitas experiencias disponibles para aquellos que se *atreven* a pedir.

Los ángeles y el cambio de milenio

Usted es muy afortunado de vivir en este momento de la historia de la humanidad. En todo caso, el solo hecho de estar vivos es un milagro. Los ángeles me han enseñado que hay más almas deseando una vida terrenal de lo que hay cuerpos disponibles. Las almas en realidad están esperando en una fila para que Dios las asigne a la Tierra. El hecho de que usted esté aquí, en un cuerpo humano, significa que es un ganador. Dios lo escogió para venir aquí, sabiendo que usted tiene muchos talentos y habilidades que serán de beneficio para Sus otros hijos.

Los ángeles escribieron esto para usted:

"Tú, como todos los que han encarnado en esta época, eres un hijo santo y perfecto de Dios. Comprendemos que no te sientes siempre perfecto y sano, y también comprendemos que no siempre actúas acorde a esto. No obstante, Dios ha creado tu alma literalmente "de tal palo tal astilla". Lo que significa que contiene esencia Divina, o luz Divina, que no puede extinguirse, mancharse o ser arrebatada. Nada de lo que hagas, podrá jamás erradicar tu herencia Divina."

La razón por la cual este es un buen momento para estar vivos es porque estamos cercanos al final de una era, en la cual los humanos se han comportado como animales agresivos carentes de conciencia espiritual. Estamos al borde de una época en donde vamos a recuperar colectivamente nuestros dones espirituales para el ejercicio de la intuición y la sanación. Cuando la intuición llegue a aceptarse como una característica humana normal, esté muy atento, ¡porque el mundo cambiará drásticamente!

Piense por un momento en un mundo habitado por personas altamente intuitivas. Mientras más aceptemos esta habilidad como innata, más abriremos nuestros canales para la comunicación Divina y psíquica. Estudios científicos conducidos en universidades muy importantes tales como Princeton, la Universidad de Nevada, la Universidad de Ohio, y Cornell, han encontrado evidencia de que todos tenemos el talento en potencia para enviar y recibir información telepática. Y digo "en potencia," porque al igual que cualquier talento, tenemos que estar conscientes de él y practicarlo antes de que podamos realmente dominarlo.

Muchas personas se están volviendo intuitivas y se están abriendo a la guía Divina. En mis consultas privadas, quedo sorprendida por la gran cantidad de profesionales de alto nivel, tanto hombres como mujeres, que acuden a mí para tener sesiones con los ángeles. Hay personas que, cuatro años atrás, jamás habían pensado en la vida después de la muerte, en Dios o en asuntos espirituales. Pero ahora, en este renacimiento espiritual en el cual nos encontramos, la consciencia colectiva está dirigiéndose cada vez más hacia el cielo.

Piense por un instante cómo lucirá nuestro mundo cuando todos recuperemos nuestra consciencia intuitiva natural. Nadie podrá mentir (hasta las "mentiras piadosas" se disolverán y se convertirán en un vago recuerdo del ayer), y esto conducirá definitivamente a un gran cambio en nuestro sistema legal y político. Tampoco será necesario usar equipos tecnológicos para comunicarnos entre nosotros.

Creo que cierto número de personas tenemos una misión en nuestras vidas, que implica enseñarles a los demás cuáles son su verdaderos orígenes espirituales. Pienso que hay demasiadas personas que están dormidas con respecto al conocimiento de su Divinidad interna. Estas personas se ven a sí mismas como un cuerpo, flotando como un corcho a la deriva, dependiendo de la corriente para que les diga lo que deben hacer. Sin embargo, Dios y los ángeles saben que esto no es así. Ellos están conscientes de que creamos nuestra realidad a través de nuestras decisiones e intenciones conscientes.

"Sus intenciones crean sus experiencias" es una de las frases favoritas de los ángeles. Lo que ellos quieren decir es que nuestras expectativas, muy en lo profundo de

nuestro corazón y de nuestra mente, escriben el libreto de la película que nosotros llamamos "vida." Si se pregunta antes de encarar cualquier situación: "¿Qué espero verdaderamente que me suceda?" se convertirá en el mejor psíquico del mundo. Porque sus expectativas literalmente predecirán lo que le sucederá.

El proceso de perfeccionamiento

Nuestros gustos cambian como resultado de nuestros estudios espirituales. Perdemos el deseo de ingerir sustancias que alteren nuestro ánimo, sentimos repulsión por la violencia en la televisión y cambia nuestra atracción hacia los amigos y hacia los amores. Los ángeles explican la mayoría de estos cambios como el resultado de nuestro "cambio de frecuencia." Ellos dicen que cada persona tiene una frecuencia vibratoria que es visible para ellos, muy similar a cómo nosotros vemos el sistema de ignición de un automóvil en un osciloscopio, o las ondas cerebrales de una persona en un equipo de monitoreo.

Los ángeles dicen que nuestra frecuencia se ajusta según nuestros pensamientos y emociones. Las personas que se preocupan, se agobian o se obsesionan, tienen frecuencias más lentas, mientras que las personas que meditan y oran con regularidad tienen frecuencias más elevadas. Al elevar nuestras frecuencias, nos sentimos atraídos por situaciones, personas, alimentos y energías de vibraciones más elevadas. Esto también significa que ya no nos sentiremos atraídos por algunos de nuestros amigos o eventos que antes nos cautivaban.

Las vibraciones que rodean los asuntos del ego, tales como ira, violencia, mentalidad de pobreza (creer que no hay suficiente para todos), mentalidad de víctima (creer que otras personas nos controlan o son culpables de nuestra infelicidad), competencia, deshonestidad y envidia, todas ellas son extremadamente bajas. Las vibraciones elevadas caracterizan las inclinaciones espirituales tales como la meditación, la oración, la devoción, el servicio sin recompensa, el voluntariado, el trabajo de sanación, la enseñanza, el compartir y las manifestaciones de amor.

Los ángeles sugieren que evitemos las situaciones de bajas vibraciones para lograr elevar nuestra frecuencia espiritual. Ellos son muy firmes recalcándonos que debemos evitar ver los programas de televisión y leer las noticias que promueven aspectos negativos.

A continuación encontramos dos párrafos extraídos de sesiones de terapia con los ángeles, en las cuales ellos les pidieron a mis clientes que eviten este tipo de medios de comunicación:

Doreen: Tengo un mensaje proveniente de tus ángeles. Ellos dicen que cuando lees, miras o escuchas las noticias, eso te altera y te cambia tu energía negativamente en una forma opuesta a lo que deseas. Esta es una advertencia muy importante. Los ángeles te dicen: *"Toma esta advertencia muy en serio."*

Barbara: Esto tiene mucho sentido. Escucho las noticias en la radio con frecuencia y eso me molesta, creo que de ahora en adelante voy a escuchar mucho menos las noticias.

Durante otra sesión, los ángeles explicaron por qué la baja autoestima de mi cliente se agravaba por los mensajes negativos que recibía de ver tantas novelas y películas dramáticas:

Michelle: Hay momentos en que me siento como una fracasada, no solo conmigo misma sino también hacia mi esposo y mi hija. ¿Acaso he hecho algo malo? o, ¿qué es lo que estoy haciendo? Adoro a mi familia y haría lo que fuera por ellos, pero respecto a mi esposo, las cosas han cambiado (eso creo). Algo nos está haciendo falta, y, ¿cómo hace uno, o los dos, para recuperarlo?

Doreen: No has hecho nada malo, aunque los ángeles me están indicando que es la influencia de los medios de comunicación a tu alrededor lo que está afectando tu vida. ¿Ves mucha televisión? [Michelle confirma que así es].

Parece como que estás absorbiendo la negatividad de los programas de televisión y esto está influenciando tus pensamientos y tu vida. ¿podrías intentar apagar la televisión por una semana y ver si las cosas cambian?

ಲ್ಲ   ಲ್ಲ   ಲ್ಲ

Michelle siguió el consejo de sus ángeles y descubrió que después de una semana, ya no pensaba en el "peor escenario". Dejó la costumbre de ver su vida a través de los lentes de novelas negativas y empezó a descubrir la belleza de su vida familiar.

Cambiar su frecuencia

Los ángeles están aquí para ayudarnos de muchas maneras, desde asuntos y desafíos en apariencia mundanos, hasta aquellos que requieren un aspecto espiritual profundo y urgente. Una de las labores de sanación de los ángeles, es ayudarnos a cambiar nuestra frecuencia vibratoria hacia su velocidad más elevada y fina. Ellos quieren que hagamos este cambio por dos razones. Una es que este es el proceso de "ascensión." Todos estamos en el camino del descubrimiento de que somos uno con Dios. Cuando entendamos esto por completo, estaremos en el estado de ascensión.

Ese conocimiento afecta profundamente todas nuestras interacciones con los demás. Piense por un momento cómo sería su vida si estuviera consciente de que todas las personas con las que habla son un aspecto Divino de su Ser Divino. Sentiría un amor total y completo por cada uno de esos individuos y por usted mismo. Experimentaría la vida como una experiencia del cielo en la tierra.

La segunda razón por la cual los ángeles desean que incrementemos nuestra frecuencia es porque estaremos así más capacitados para nuestro mundo material. El cambio de milenio nos va a traer cambios positivos significativos en nuestros sistemas educativos, gubernamentales, legales y de telecomunicaciones. Nuestros hábitos alimenticios cambiarán drásticamente, así como las expectativas de vida.

Mientras más elevadas son nuestras frecuencias, más fácil será adaptarnos a estos cambios. Estaremos intuitivamente conscientes de los cambios pendientes en la Tierra, de la misma forma como los animales pueden predecir los terremotos y las tormentas. Nuestros cuerpos con frecuencias más elevadas serán capaces de teletransportarse, desmaterializarse y soportar eventos que traumatizarían a los cuerpos densos de frecuencias más bajas. Las mentes con vibraciones elevadas serán capaces de manifestar los alimentos requeridos y otros suministros.

Es por esto que los ángeles desean ayudarlo a adaptarse a un mundo cambiante, ofreciéndole la energía y la guía necesarias para que cambie su frecuencia. Y lo pueden hacer por medio de señas y señales de la guía Divina y de la intervención en su vida y en su cuerpo. De esta manera, ellos le ayudarán a mantener su paz mental. Al fin y al cabo, la paz interior es una de las metas más importantes en la vida, y los ángeles están aquí para ayudarlo a lograrla. Nuestros ángeles cantan jubilosos cuando nos ven en paz y felices. En el siguiente capítulo, veremos cómo los ángeles juegan un papel muy importante en nuestras relaciones amorosas.

CAPÍTULO DOS

Intervenciones angélicas en su vida amorosa

Los ángeles pueden ayudarnos a sanar nuestras relaciones si les pedimos su ayuda. Llame mentalmente a su ángel guardián o al ángel de la otra persona con la que mantiene la relación, y sea testigo de los milagros que ocurren.

Encontrar un nuevo amor

Una mujer llamada Beth les pidió a sus Ángeles que le ayudaran a encontrar al "hombre perfecto," y ellos se pusieron a trabajar de inmediato como cupidos celestiales. Beth me contó la siguiente historia acerca de cómo los ángeles le ayudaron en su vida amorosa:

Nunca pensaba mucho en los Ángeles. Pero un día, escuché mencionar en un programa de radio que uno debe pedirles ayuda a los ángeles. Entonces decidí hacer un intento. Les pedí si podían ayudarme a encontrar un buen hombre en mi vida. Antes de una semana, encontré un hombre maravilloso. Se produjo una química instantánea entre los dos. Creo que estábamos destinados el uno para el otro. Es increíble cómo tenemos las mismas metas y los mismos gustos. Creo que sobra decir, que ahora tengo una idea distinta de los Ángeles. He comenzado a pedirles su ayuda con más frecuencia.

Pareja que perdona junta...

Los ángeles también le ayudan a que se fortalezcan los lazos de amor en las relaciones que ya están consolidadas. Bárbara era una estudiante de mi curso de consejera espiritual. Era fabulosa en sus sesiones con los Ángeles. Sus técnicas de estudio y sus tareas en casa eran maravillosas. Bárbara estaba realmente interesada y comprometida con su aprendizaje acerca de la espiritualidad y la sanación. Durante una de las clases, hice una sesión para algunos de los estudiantes. Bárbara era una de ellas.

Durante nuestra sesión, ella le dijo a los ángeles, que estaba preocupada porque ella y su esposo John, habían estado discutiendo mucho. Les preguntó a los ángeles si ellos veían la posibilidad de un divorcio, o si se suponía que ella se mantuviera casada. A través de mí, los ángeles le dijeron: *"El propósito de tu matrimonio ya se ha completado. Ahora tienes la opción de quedarte o de partir. Es totalmente tu decisión."* Bárbara decidió que quería seguir casada, entonces comenzó a orar por intervención espiritual.

Dejaré ahora que Bárbara describa lo que sucedió cuando le entregó su matrimonio a Dios y a los ángeles:

Mi esposo y yo habíamos estado lidiando con problemas de pareja durante aproximadamente un año. El domingo por la tarde después de la sesión con los Ángeles en donde le entregué mi matrimonio a Dios, mi esposo tocó un fondo espiritual. Por muchos meses, habíamos estado viviendo con rencor y amargura entre nosotros. Después de un ataque de ira, John me pidió que habláramos. Yo sabía que los ángeles me estaban protegiendo porque les había pedido que me rodearan, y me sentía muy calmada.

John me dijo que no sabía en dónde estaba Dios en nuestro atormentado matrimonio. Le recordé que Dios no podía hacer nada a menos que Se lo permitiéramos. Bien, en ese momento, John decidió pedir a gritos la ayuda de Dios. Los ángeles también me estaban dando codazos y diciéndome: *"Bien Bárbara, ¡ya sabes lo que tienes que hacer! ¡Es hora de que comiences a hablar!"* Lo llevé paso a paso a través del Ejercicio del Corral del Perdón [este poderoso ejercicio de sanación se presenta en el Apéndice de este libro].

Le expliqué a John que se trataba de una lucha entre nuestros egos, no lo que verdaderamente éramos, nuestros seres interiores. Compartimos hasta la madrugada hablando de Dios y de nuestras creencias espirituales. Nuestra relación cambió de dirección por completo. Al día siguiente, no fui a trabajar y me quedé en casa con John, mientras continuábamos compartiendo y reconstruyendo. Fue una experiencia increíble. Hablamos de comprometernos de nuevo en nuestro amor y en nuestra relación.

SÁNESE CON LOS ÁNGELES

Al día siguiente, en un soleado y hermoso sábado, John y yo terminamos el ejercicio "El perdón, libérese ahora mismo" [este ejercicio, requerido para graduarme de mi programa de certificación de consejera espiritual, también aparece en el Apéndice de este libro]. Conducimos a uno de nuestros lugares preferidos y encontramos un sitio en donde había una corriente de agua con una minúscula cascada que nos permitía escuchar el fluir del agua.

Nos sentamos uno al lado del otro, pero en mundos paralelos, cada uno trabajando en silencio en nuestra propia lista del perdón. Cuando terminé mi lista, caminé hacia el agua para realizar la parte de liberación de este ejercicio. Los dos nombres al final de la lista eran el de John y el mío. Me perdoné al lado del agua, pero reservé la parte de perdonar a John para hacerlo en persona tan pronto me reuní de nuevo con él en el terraplén.

Antes de alejarme de la corriente de agua, observé una mariposa lavanda revoloteando a mi lado. John me dijo que cada vez que decía el nombre de una persona en su lista del perdón, lentamente sostenía esa persona en su mano, luego la abría y la enviaba como una mariposa. Después de perdonarnos y liberarnos por completo, seguimos disfrutando de la belleza y de la serenidad del lugar. ¡Los dos nos sentíamos tan livianos y libres!

El amor que sentimos actualmente el uno por el otro, ¡es distinto a todo lo que llegamos a sentir antes! Es como si los dos hubiéramos pasado, tal como lo dijo John, por un reacondicionamiento espiritual, emocional, mental y físico. Ha sido un movimiento muy positivo el que ha ocurrido esta semana entre nosotros.

Estoy convencida de que el resentimiento de John hacia sí mismo era la causa de su depresión. Ahora que el resentimiento se ha ido, el velo de la depresión se está levantando. Mi propio rencor y mi amargura hacia él también se están disolviendo. Al perdonarnos los dos y a nosotros mismos, hemos logrado vernos a través de nuevos ojos. Me sorprende cuán pequeñas llegamos a permitir que se volvieran nuestras chispas internas, y cómo hemos logrado que estas chispas se conviertan de nuevo en llamas.

Futuros probables

Los ángeles raramente dicen que nuestro futuro está escrito y predestinado. Al contrario, dicen que nuestros futuros probables están basados en nuestro patrón actual de pensamientos. Si los patrones mentales de mis clientes dan un giro significativo hacia lo positivo o lo negativo, así mismo será su futuro. Así se lo explicaron a mi cliente Kevin, cuando él expresaba sus miedos acerca de su futuro y de su matrimonio:

Kevin: Mi hijo dejará pronto el hogar, en gran parte, creo, para alejarse de la situación familiar. No lo puedo culpar. Las cosas no son siempre muy agradables. Algunas veces se ponen realmente mal. Después de que mi hijo se vaya, ¿Estará bien? Y ¿Qué sucederá en mi hogar? ¿Será peor o mejor? ¿Mi esposa y yo seguiremos juntos o nos vamos a separar?

Doreen: Los ángeles dicen que estás pasando por grandes cambios en tu vida. Ellos aprecian el hecho de que estás contemplando tu mundo interior, y que estás asumiendo responsabilidad por muchos aspectos de tu vida. Los ángeles te advierten, sin embargo, que no debes culparte. Debes tan solo hacer un inventario de los hechos y realizar los ajustes necesarios según la evaluación que concluyas.

Tu matrimonio no está tampoco predestinado. Tú tienes verdaderamente el poder de salvarlo y hacer que funcione; sin embargo, debes tener fe y mantener una visión positiva y cariñosa. Puede ser posible que necesites apoyo adicional para mantenerte positivo; y este apoyo puede ser un consejero, un grupo espiritual o un amigo íntimo con quien puedas hablar.

Nadie es culpable de nada, excepto de tus propias expectativas. Sin embargo, si crees que otros te están culpando, lo experimentarás como una profecía que se realiza tan solo porque tus expectativas negativas así lo creen. En verdad, esperamos que tomes la decisión de experimentar los milagros de sanación que los ángeles desean que tú disfrutes. Estarás en mis oraciones.

El amor nunca muere

El siguiente caso demuestra que un buen matrimonio es para toda la vida, incluso si uno de los cónyuges muere. A menudo, el cónyuge fallecido, se convierte en un cupido angelical para el sobreviviente:

Annette: He estado viendo a un hombre cuya esposa falleció, y siento como si alguien me dijera que está bien lo que hago. ¿Podría ser un mensaje de un ángel o hasta de su esposa? Siento que es un mensaje reconfortante.

Doreen: ¡Sí, eres muy intuitiva! Su esposa los está apoyando en esta relación porque ella puede ver el efecto positivo que tiene en él. Ella no siente celos y tan solo quiere ver que el amor, lo único que es real y que importa, brille radiante sobre ustedes dos.

¡Felicitaciones por manifestar una relación tan maravillosa, y por ser capaz de entrar en contacto con tus dones naturales de la intuición!

El ángel Bell y el celular

Los ángeles siempre hacen mucho énfasis en la importancia de tener comunicaciones honestas y claras en nuestras relaciones. Una terapeuta que estaba tomando mi curso sobre Ángeles, me informó del siguiente caso de cómo los ángeles le ayudaron a comunicarse claramente:

Mi cliente había intentando varias veces comunicarse con su novio por el celular pero solo lograba obtener estática. Estaba muy molesta porque lo necesitaba urgentemente. Le sugerí entonces (sabiendo que uno de sus Ángeles guardianes se llamaba Bell): "¿Por qué no le pides ayuda a Bell?" Así lo hizo y al instante la línea estaba completamente clara, ¡y logró comunicarle su mensaje urgente! Más adelante, dijo que nunca se le hubiera ocurrido pedirles a los Ángeles algo así.

Oraciones a los Ángeles para su vida amorosa

Aquí vemos dos ejemplos de oraciones que se pueden usar mientras trabaja con los ángeles para sanar su vida amorosa. Haga sus propias variaciones de estas oraciones para ajustarlas a sus circunstancias, si así lo desea. Puede hacer sus oraciones en voz alta, mentalmente o por escrito. Dios y los ángeles escuchan todos sus pensamientos, sentimientos e intenciones. La oración es una forma muy poderosa de conectarse con el cielo para el propósito de sanación.

Oración para encontrar el alma gemela

Querido Dios,

Te pido que Tú y los Ángeles encargados del romance, me ayuden a tener una relación maravillosa con mi alma gemela. Por favor, dame la claridad necesaria para encontrar mi alma gemela y ayúdanos a reunirnos y a disfrutar de nuestra presencia mutua lo antes posible. Te pido ayuda para crear las circunstancias necesarias para que pueda estar en esta maravillosa relación ahora mismo. Por favor, ayúdame a liberar cualquier bloqueo emocional, de mi mente o de mi cuerpo que me puedan estar provocando el sentimiento de temor por encontrar un gran amor. Por favor, ayúdame a escuchar y a seguir Tu Divina guía para encontrar y disfrutar esta relación de almas gemelas. Yo sé que mi alma gemela me está buscando con el mismo fervor que yo lo hago. Los dos Te pedimos que nos reúnas y nos ayudes a reconocer y a aceptar las bendiciones de un gran amor. Gracias.

Oración para sanar una relación amorosa existente

Amado Dios,

Te pido que Tú y los ángeles me ayuden a sanar mi vida amorosa. Estoy dispuesto a liberar cualquier resentimiento que pueda estar albergando contra mí o contra mi pareja, y les pido a los ángeles que me purifiquen de toda ira o rencor ahora mismo. Te agradeceré que nos ayudes a mi pareja y a mí a que nos veamos a través de los ojos del amor. Pido que todos los efectos de nuestros errores se deshagan en todas las direcciones del tiempo. También que trabajes con mi pareja para que podamos tener armonía, romance, amistad, respeto, honestidad y un gran amor el uno por el otro. Por favor, renueva nuestro amor. Gracias.

El amor ya está en nuestro interior, y no necesitamos a otra persona en nuestras vidas para sentirnos amados. Sin embargo, la expresión del amor de y hacia otra persona es algo muy satisfactorio. Por esa razón es que los ángeles están tan interesados en ayudarnos a lograr y a mantener una relación con nuestra alma gemela. También desean ayudarnos en otro tipo de relaciones, tales como las amistades y con los miembros de nuestra familia, según lo veremos en el siguiente capítulo.

CAPÍTULO TRES

Bendiciones de los ángeles para su familia

Al igual que los ángeles nos ayudan en nuestras relaciones amorosas, también nos ayudan en las interacciones con nuestros hijos y con los demás miembros de la familia.

Los Ángeles y los nuevos niños de la luz

Según los ángeles, hay una nueva "especie" de humanos entre nosotros. Son seres altamente psíquicos, con una voluntad férrea, imaginativos en extremo, y están aquí para conducirnos hacia una nueva era de paz. Estos seres poderosos e intuitivos, toleran muy poco la deshonestidad y no saben cómo lidiar con las discusiones inútiles o con las labores absurdas. Después de todo, sus almas eligieron

encarnar en la Tierra en este momento, para poder enseñarles a los demás acerca de la importancia de hablar con
la verdad y vivir en armonía.

¿Quiénes son estas misteriosas personas? A menudo
se refieren a ellas como los "Niños de la luz," los "Niños
del milenio" y los "Niños índigo." Son individuos nacidos entre los años ochenta y noventa, por lo tanto serán
adultos en el año 2012, la época en la cual se ha previsto
que sea la nueva era de la paz. Existe un libro dedicado
por completo a este tema, del cual soy coautora y está disponible en Hay House. Se llama *Los niños índigo*, escrito
por Lee Carroll y Jan Tober.

El problema es que estos niños especiales, están cre-
ciendo en el extremo final de la vieja energía, en la cual las
personas todavía se mienten entre sí, y compiten debido a
su creencia de que los recursos son limitados, por eso aún
se involucran en actividades sin sentido. Sin la habilidad
para lidiar con estos residuos de nuestra civilización que
está próxima a terminar, estos niños se sienten desnudos y
vulnerables.

Por ejemplo, digamos que Bobby es un niño de luz
de nueve años. Siendo un pequeño niño todavía, vio los
ángeles y se comunicó con ellos. A menudo ve visiones
del futuro y hace predicciones psíquicas, relacionadas con
sus amigos y con los miembros de su familia que luego se
realizan. Bobby es extrovertido y no le importa compartir
su opinión cuando siente que ha habido una injusticia.

En la escuela, Bobby tiene dificultades lidiando con
lo que él percibe como actividades absurdas. Sabe, muy
profundo en su alma, que el nivel actual educativo será
reemplazado con uno más adaptable a la vida diaria. Sin
embargo, está viviendo en el sistema educativo *actual* y
debe encontrar la forma de lidiar con él. Afortunadamente,

muchos de los compañeros de Bobby se sienten exactamente igual, porque ellos también son Niños de la luz. Por lo menos Bobby no se siente completamente solo.

Bobby sabe por intuición que tiene que realizar un gran propósito en esta vida. Siente que va a ayudar a muchas personas, aunque todavía no está seguro de la forma en que va a hacerlo. Todo lo que sabe es que cada vez que se despierta en la mañana, siente como si su alma hubiera viajado a una escuela muy lejana, en donde le enseñan cosas que realmente le interesan y que le parecen verdaderamente útiles, tales como la geometría básica de la materia, las leyes universales de causa y efecto, y estudia el futuro probable de la Tierra y de la humanidad.

En contraste, aprender sobre Cristóbal Colón y gramática, le parecen irrelevantes. Se siente aburrido y descontento, y su atención divaga. Finalmente, su profesor lo envía al psicólogo de la escuela, quien lo refiere a un médico para su evaluación. El diagnóstico es rápido e inmediato: Síndrome de Déficit de la Atención (SDA). Su madre se encarga de obtener en la farmacia la prescripción médica: Ritalin.

Bobby *se siente* mejor mientras toma Ritalin. Pareciera como si las cosas ya no fueran tan importantes para él cuando toma esa medicina. La droga lo hace sentir menos irritable debido al hecho de que las tareas son irrelevantes para el propósito de su vida. De hecho, el Ritalin hace que a Bobby ya no le interesen muchas cosas, tales como hablar con los ángeles o que su alma viaje durante la noche. Gracias a su diagnóstico y a su prescripción médica, Bobby es ahora una persona normal que no puede recordar su misión en la vida.

Todo es cuestión de integridad

Los ángeles dicen que los años precedentes y los que siguen inmediatamente al milenio, han sido consagrados a ayudarnos a que aprendamos sobre la integridad. En otras palabras, nuestra misión de vida colectiva es ser auténticos con nosotros mismos. Esto también significa ser auténticos hacia los demás, incluyendo nuestros niños.

Hace aproximadamente una década, nosotros los psicólogos, les advertíamos a los padres que no confundieran ser padres con ser amigos. Les enseñamos que no debían tener conversaciones de corazón a corazón con sus hijos a fin de que no fueran a "convertir en padres" a sus pequeños (es decir, no darles a sus hijos información que estuviera demasiado compleja para manejar).

Sin embargo, los niños del nuevo milenio requieren información emocional y conversaciones íntimas con los demás. Ellos anhelan la honestidad. Si un Niño de la luz siente que algo está mal, por ejemplo, el matrimonio de sus padres, piensa que es destructivo que sus padres encubran este hecho. Es mucho más sano que los padres hablen abiertamente (usando términos y frases apropiados para la edad del niño) sobre la situación, que hacer creer al niño que está loco al tener sentimientos que van en contra de lo que sus padres le dicen.

Los ángeles tienen opiniones muy sólidas acerca de estos niños, en parte porque los ángeles sienten que tienen que protegerlos. Los ángeles son guardianes de los Niños de la luz para asegurarse de que su misión sea realizada. Ellos nos dicen:

"Escuchen bien, padres de los noventa. Ustedes también tienen una misión sumamente importante que cumplir.

Deben asegurarse de que sus niños permanezcan intuitivos y de que se mantengan muy cerca de la naturaleza. No los empujen para que logren tener éxito, a expensas de perder el propósito de su alma en el intento, porque nuestro propósito es la fuerza que nos guía, y sin dirección, sus niños se sentirán perdidos, solos y llenos de temor.

"Por eso es que es mucho mejor que ustedes los padres, enfoquen su atención sobre los estudios de temas espirituales para sus hijos, porque éste es su verdadero alimento, el cual les asegurará su crecimiento y su supervivencia. Nosotros los ángeles estamos aquí para ayudarles y no vamos a interferir o a atravesarnos en su camino. Tan solo permítannos lanzar una nueva luz en las situaciones difíciles cuando recibimos su invitación para sanarlos, una labor que hacemos con júbilo en nuestros corazones. Nunca se les ocurra pensar que Dios no escucha sus plegarias, porque Él nos envía a su lado en el instante en que expresan su clamor."

En los casos siguientes, verán cómo los ángeles les ofrecen a los padres una guía sólida y segura. Ellos hablan de cada aspecto de la crianza de los hijos, desde la concepción hasta los retos de la adolescencia. Creo que los ángeles se sienten sumamente interesados por nuestros hijos. De algún modo, después de todo, nuestros hijos son los ángeles de Dios en la Tierra, que han venido aquí para una misión muy importante.

La cigüeña y los ángeles

Mis propios padres tuvieron una experiencia milagrosa relacionada con mi concepción, lo cual es parte de la razón por la cual me sumergieron en estudios espirituales durante mi crianza. Después de varios años sin haber procreado, estaban desesperados por tener un bebé. Finalmente, mi madre envió una plegaria a la iglesia del Nuevo Pensamiento, pidiéndoles a los feligreses que oraran para que ella pudiera concebir un hijo. A las tres semanas quedó embarazada.

Muchos de mis clientes y de los miembros de mi audiencia me hacen preguntas relacionadas a la concepción y al nacimiento. Me preguntan con frecuencia: "¿Cuándo tendré un hijo?" "¿De qué sexo será mi bebé?" y "¿Nacerá saludable mi bebé?". Como podrá leer a continuación, los ángeles manejan estas preguntas con amor y franqueza.

Con mucha frecuencia, hablo con los espíritus de niños que permanecen con sus madres después de un aborto provocado o natural. Los niños están felices y adaptados y solo desean estar con su madre para ayudarla y guiarla. O, si la madre vuelve a quedar embarazada, estos niños pueden ser los "primeros seleccionados" para habitar el nuevo cuerpo y nacer saludables. Aquellos que no tienen la oportunidad de volver a nacer, crecen desde el otro lado, y en la misma proporción que lo hubieran hecho si sus nacimientos se hubieran llevado a cabo. Por cierto, los niños que han sido abortados no guardan rencor. Sus almas permanecen intactas.

Ángeles que son niñeras

Los ángeles me recuerdan las niñeras o las nanas amorosas. Como Mary Poppins, los ángeles asumen una postura firme pero amable cuando se trata de criar nuestros niños (quienes ante sus ojos, son realmente los hijos de Dios). Los ángeles son contundentes y directos, pero siempre amorosos. Les encanta que los invoquemos para hacerles preguntas acerca de la crianza de los hijos y para pedirles su ayuda.

Janet: Tengo dos hijas hermosas y estoy embarazada de nuevo. Deseo saber si los ángeles pueden decirme cómo puedo ser una madre mejor en el sentido espiritual para mis hijos.

Fui muy sensible cuando niña y podía hablar con seres que aparecían en el techo de mi habitación hasta que mis miedos los disiparon. Mi hermano, quien murió a los ocho años, se me aparecía en mis sueños. Mi hermana mayor tiene miedo de la oscuridad, habla durante el sueño y tiene pesadillas que nunca recuerda en la mañana. ¿De qué tiene miedo? ¿De los espíritus, de los ángeles o son memorias de vidas pasadas? ¿Cómo puedo ayudarla para que no tenga miedo? Pienso que es porque ella sabe que hay espíritus y ángeles que nos rodean, y talvez no los puede ver pero los siente o los escucha.

Cuando yo tenía su edad, tenía miedo de las voces y las bloqueaba y ahora deseo que regresen porque me siento lista para escucharlas.

Mi hija más pequeña es un lucero. Es feliz y tiene periódicamente miedo de que la vayan a alejar de mí. ¿Podrías decirme, por favor, cómo puedo ser una mejor madre para ellas?

Doreen: ¡Los ángeles dicen que ya eres una mamá maravillosa! Ellos te recuerdan que tus intenciones son lo más importante, y que tú tienes intenciones muy sinceras de ser una gran mamá. Esto es lo que cuenta, ¡tus intenciones sinceras!

Tus hijas definitivamente están viendo e interactuando con los ángeles, y sí, esto puede producirles temor algunas veces. Tan solo abrázalas, habla con ellas y manténte siempre presente, además debes decirles siempre lo que sientes verdaderamente. Ahora mismo, esto es lo necesario de tu parte.

Te sientes un poco agobiada y sensible debido a tu embarazo, y eso te hace sentir un poco culpable. Sientes que no puedes ser todo para todo el mundo ahora mismo, ¡y es verdad! Este es un periodo de ajuste para todos, un periodo para permitirles a tus hijas que crezcan un poco y así no te sientas tan agobiada siempre. Esto te ayudará a sentir más vitalidad y más alegría, lo cual es en realidad el regalo que tus hijos más desean de ti.

Los ángeles y los temas de los adolescentes

Dios y los ángeles son excelentes colaboradores cuando se presentan los retos de los adolescentes. Todo lo que tenemos que hacer es pedir y seguir sus brillantes consejos, tal como lo hizo mi alumna Jackie Saunders:

El hijo adolescente de Jackie estaba teniendo problemas graves en la escuela y en el hogar. Jackie se sentía tan mal que se enfermó físicamente. En medio de su desesperación, le pidió ayuda a Dios: "Señor, necesito un milagro," dijo Jackie con firmeza. "Necesito que me ayudes ahora mismo con mi hijo."

Unos minutos más tarde, Jackie escuchó una voz muy clara que le dijo: "Ve de inmediato al Lavadero de Automóviles de la Familia de Danny." Jackie sabía que la guía Divina venía a veces en formas extrañas, pero esto ya era lo último. "¿El Lavadero de Automóviles de la Familia de Danny?" preguntó. Entonces, confirmando lo que ella había escuchado, la voz dijo: "Sí, ve al Lavadero de Automóviles de la Familia de Danny ahora mismo... ¡y date prisa!"

Entonces Jackie se fue corriendo hacia su automóvil, sin estar muy segura de porqué lo hacía, pero siguiendo obedientemente el dictado de la voz. Tan pronto como llegó al lavadero de automóviles, el encargado le dijo: "Vamos a encerar y a brillar su auto por mitad de precio." Jackie protestó diciendo que no tenía el tiempo suficiente para hacerlo. El encargado le dijo: "Sí, sí lo tiene." Entonces Jackie se rindió ante la situación y permitió que le prestaran el servicio a su automóvil.

Mientras esperaba, Jackie advirtió cerca de ella a un hombre adormecido con una pila de libros sobre su canto. Al mirarlo más de cerca, Jackie vio que se trataba de libros sobre "psicología de la adolescencia." Sin pensarlo dos veces, Jackie despertó al hombre y le preguntó por qué tenía interés en la conducta de los adolescentes.

El hombre se despabiló y le explicó sonriendo que su propio hijo adolescente fue una vez una fuente de problemas. Entonces, él encontró una psicóloga que produjo milagros con chicos adolescentes. Ahora su hijo estaba muy bien. Esos eran los libros que la psicóloga le había recomendado que leyera.

Jackie se estremeció de la emoción. "Por favor, ¡dígame el nombre de la psicóloga!" le imploró. Cuando el hombre le dijo el nombre y el número de teléfono de la psicóloga, sintió que su plegaria de ayuda había sido contestada. Condujo hacia su hogar llena de paz y planificó llamar a la psicóloga en los siguientes dos días para pedir una cita para su hijo.

A la mañana siguiente, Jackie se despertó a las seis de la mañana. Escuchó la misma voz interior que le había aconsejado que fuera al lavadero de automóviles. Esta vez le dijo: "Llama a la doctora ahora mismo," *refiriéndose a la psicóloga de adolescentes.*

"¡Pero apenas son las seis de la mañana!" protestó Jackie.

"Llama a la doctora de inmediato," repitió la voz. "Ella va salir de la ciudad muy pronto, y tienes que hablar con ella ahora."

Confiando en su guía, Jackie llamó a la psicóloga y se excusó por llamar tan temprano. Era evidente que había despertado a la doctora y temía que se enojara. Luego Jackie le explicó la razón de su llamada: "Por favor, necesito hacer una cita para que usted vea a mi hijo."

"Pero salgo de la ciudad esta tarde," dijo la doctora. "Además, solo trabajo con cinco adolescentes a la vez y ya tengo seis a mi cargo."

Jackie sabía que su guía Divina no la había enviado a esa doctora sin una razón, así que insistió: "No puedo explicarle la razón," *dijo Jackie,* "pero sé que es muy importante que mi hijo la vea ahora mismo."

Algo en la voz de Jackie debió haber conmovido a la doctora, o quizás los ángeles intervinieron. En todo caso, Jackie respiró aliviada cuando la doctora le dijo: "Está bien, veré a su hijo hoy en la mañana a las 8:30. Es la única cita disponible antes de que me vaya de viaje por una semana."

La doctora terminó aceptando al hijo de Jackie como paciente y él prosperó bajo sus cuidados. Hoy en día, el hijo de Jackie está feliz y adaptado y ella se siente muy agradecida porque Dios y los ángeles la condujeron ¡al Lavadero de Automóviles de la Familia de Danny como una manera de escuchar sus plegarias!

Sesiones con los ángeles

Más de 300 estudios muy bien documentados, demuestran que la oración tiene un efecto significativo en nuestros cuerpos físicos. Los investigadores saben que un efecto placebo y los buenos deseos no explican este fenómeno. Después de todo, muchos de los estudios envuelven sujetos que ni siquiera saben que están orando por ellos. Esto incluye estudios en los cuales las oraciones comprobaron efectos positivos en las plantas y en los bebés recién nacidos, los cuales pueden sentir, pero no pueden saber conscientemente cuando alguien está orando por ellos.

Muchos de los estudios sobre la oración son "doble-ciego," lo cual significa que ni los investigadores, ni los médicos, ni los pacientes están al tanto de si se está orando o no por ellos. No obstante, aquellas personas por quienes oraron, vivieron más tiempo, se sanaron más rápido y necesitaron menos medicinas que aquellos por quienes no se oró.

He recibido docenas de testimonios no solicitados de personas que dicen que ellos, o sus familiares, se han sanado porque pidieron que les enviaran ángeles sanadores. En el siguiente caso, mi alumna Karen Montano me informó que su hija Jourdan ¡llegó a ver el ángel que la estaba sanando!

Dejo que Karen les diga su historia directamente:

Mi esposo y yo habíamos llevado a nuestra hija Jourdan (de seis años) a la sala de emergencia del hospital. Tenía una fiebre altísima y dolores de estómago y espalda. Antes de que llegara el doctor a la sala de tratamientos, cerré mis ojos en oración, invocando al arcángel Miguel y a todos los ángeles de mi hija para que vinieran a la habitación.

Cuando abrí mis ojos, vi un amigo de la familia que había muerto hacía poco, de pie al borde de la camilla mirando hacia el rostro de mi hija. Parecía como si estuviera realizando algún tipo de imposición de manos sobre ella.

Luego vi a mi tía en la entrada del cuarto, a quien realmente amaba y había muerto hacía seis semanas. Me sonrió y me dijo: "¡Todo va a estar bien!" y luego se volteó. Después, como si estuviera dirigiendo el tráfico, la vi haciendo gestos con sus brazos y diciéndoles a las almas que estaban en el corredor: "¡Todo está bien! No son necesarios en esta habitación. ¡Todo está bien... pueden seguir... sigan moviéndose hacia la luz!" Fue la experiencia más llena de paz de mi vida, y supe que todo estaría bien.

Jourdan está ahora en casa, sintiéndose bien. Dice que recuerda con claridad a mi tía trabajando sobre su cuerpo y ayudándola a sanarse.

El amor eterno de un niño

Algunas de mis sesiones más conmovedoras son las que involucran a mis clientes hablando con sus hijos fallecidos. He llevado a cabo varias sesiones en donde algunos niños que se suicidaron, explicaron sus razones y ofrecieron sus más sentidas disculpas. He hablado con docenas de adolescentes que han muerto en accidentes de automóviles. Y he ayudado a padres de niños asesinados a comprender la secuencia de los eventos que rodearon la muerte de sus hijos.

Con frecuencia, estos casos traen lágrimas a mis ojos. A continuación encontramos una sesión que fue particularmente estremecedora, en la cual un joven fallecido le envía su amor a su madre viva.

Ginny: ¿Ves algo relacionado con mi hijo que murió?

Doreen: ¿Cuál es su nombre?

Ginny: Robert.

Doreen: Robert, Robert. [Digo el nombre de la persona varias veces para llamarlos desde el otro plano. Después de dos minutos de llamar a Robert, vi aparecer a un joven al lado de Ginny.] ¿Él era alto?

Ginny: Sí.

Doreen: Estoy viendo a un joven a tu lado ahora. Es flacucho y tiene un rostro juvenil. Se viste a la antigua. Su rostro es tan juvenil que es difícil ponerle edad. Supongo que está entre los 18 y los 25 años.

Ginny: Sí, es él. Tenía 22 años y tenía retraso mental.

Doreen: Está justo a tu lado izquierdo, a pesar de que no siempre está contigo. Robert está muy callado y refleja una energía serena. Hace gestos para hacerme entender que está disfrutando mucho del otro lado. Me está mostrando una imagen de él corriendo. No sé si sabes mucho de la vida en el otro plano, pero hay muchos niveles y capas. Algunas de las áreas del otro plano son como las partes más hermosas de la Tierra.

Las personas en el otro plano crean estas imágenes similares a las de la Tierra desde sus imágenes mentales. Robert vive en un área rural y me muestra como corre a través de un campo de trigo, con sus brazos extendidos como si estuviera volando.

Ginny: Le encantaba el campo.

Doreen: Bien, vive en un área del campo en el otro plano, y dice que se siente muy libre. Dice: "Mami, no estés triste." Está dibujando una letra *I*, o ¿tal vez es una *T*? ¿Robert sabía escribir?

Ginny: Podía escribir su nombre y algunas palabras sencillas.

Doreen: ¡Oh!, está bien, es una *T*, y está escribiendo: "Te amo."

El amor nunca muere.

Cambiar relaciones y el camino espiritual

Obviamente, el estudio de la espiritualidad puede cambiar su vida en muchas formas distintas. Lo abre a nuevas posibilidades, a intervenciones milagrosas y a curaciones. También cambia considerablemente sus relaciones.

El tema de las relaciones es probablemente la preocupación más grande en el camino espiritual. Usted podría preocuparse preguntándose: "¿Querrán mis amigos y mi familia seguir relacionados conmigo, ahora que tengo diferentes intereses y perspectivas en la vida?" Puede descubrir que ha perdido su interés en sus antiguos amigos, y que ahora anhela encontrar personas que piensen de manera similar a la suya.

También podría preocuparle cómo reaccionaria su familia ante su camino espiritual. Aquellas personas que han sido educadas en las religiones tradicionales, podrían ser fuertemente criticadas por aquellos miembros de la familia que ven con temor la metafísica y la espiritualidad no tradicional.

Los cambios son inevitables cuando usted abre su mente, su corazón y su vida al Espíritu. Estos cambios pueden ser asombrosos y hermosos si confía en el proceso. También pueden ser atemorizantes y dolorosos si se aferra desesperadamente a los apegos de cómo piensa que las cosas *deberían ser*, o si teme perder a algunas personas. Dichos miedos se han comprobado como reales.

Afortunadamente, los ángeles están disponibles para guiarlo a través de estos cambios y suavizar la senda.

Cambiando estados mentales, cambiando amistades

"A través de mis estudios espirituales, tomé algunas decisiones para cambiar mi estilo de vida," me explicaba un miembro de la audiencia, una mujer llamada Celia. "Primero que todo decidí dejar los chismes y las críticas a las personas. Mis estudios espirituales me hicieron consciente de que en realidad me estaba haciendo daño a mí misma cada vez que criticaba o decía un chisme de alguna persona."

Celia se sentía al principio incómoda con esta decisión, porque tanto ella como sus mejores amigas se reunían en un grupo con regularidad para divertirse contando chismes. ¿Cómo reaccionarían sus amigas si no se unía a ellas? Entonces, Celia pidió guía Divina para manejar esa situación. Lo que recibió, a través de sus sentimientos emocionales intuitivos, fue una verdadera respuesta a sus plegarias.

"Supe que tenía que ayudar a mis amigas a aprender ¡que era mucho más divertido *no* entrar en chismes que *hacerlo*!" Celia explicaba: "Después de todo, solo hacíamos esto porque pensábamos que era la mejor forma de divertirnos. Entonces, fui directa con mis amigas una noche y les dije: 'Vamos a ver, este tipo de conversación nos está atrasando verdaderamente. Vamos a dejar de hacerlo, y hagamos el pacto de decir algo si alguna de nosotras comienza con un chisme.'

"Entonces, cada vez que alguien de nuestro grupo comenzaba a hablar negativamente de alguien o de algo, otra persona del grupo levantaría la voz y diría algo así como '¡Oh no!' para llamar la atención de la chismosa. Descubrimos que el chisme era un hábito en el que nos habíamos metido, y nos tomó un poco de tiempo romperlo. Todas nos sentimos mucho mejor ahora que compartimos más cosas positivas cuando hablamos."

Tal como lo señaló Celia, cuando pasamos a través de transiciones en nuestras conductas como resultado del camino espiritual, es una oportunidad para mostrarle nuestro nuevo camino a un maestro, un familiar o un amigo. Esto puede ser también un arma de doble filo, porque nadie, especialmente nuestros amigos y familia, desea escuchar sermones o consejos. La mejor manera de enseñar la paz es demostrándolo a través de nuestras acciones. Si le gritamos a nuestros amigos y familia: "¿Por qué no puedes ser tan espiritual como lo soy yo?" ellos le ponen atención a nuestra conducta y no a las palabras.

Pídales a los ángeles que guíen sus acciones y sus palabras para que pueda ser un maestro verdaderamente efectivo.

Los chakras y la ley de atracción

La guía verdaderamente Divina nunca habla en términos de reproche, culpa o si alguien está en lo correcto o equivocado, o es bueno o malo. Sus ángeles siempre tratan de resolver un conflicto de manera que todo el mundo salga ganando. No obstante, a veces pueden guiarlo para que se aleje de relaciones y lo ayudan a cerrar la puerta a una amistad cuyo propósito ya se terminó.

Terminar una relación puede causarle temor a cualquiera, pero para aquellas personas que están en el camino espiritual, este proceso puede provocar aún más culpa. "Se supone que ayude a las personas y que ofrezca mi amor," podría pensar con preocupación. "¿Estoy abandonando a mi amiga si decido pasar menos tiempo con ella?"

La verdad es que usted puede escoger pasar menos tiempo con sus antiguos amigos, y más tiempo con las personas nuevas en su vida. Esto no quiere decir que está juzgando, criticando o abandonando a nadie. No está siendo arrogante o aislándose. Tan solo se está permitiendo guiarse según la ley espiritual de la atracción.

Atraemos a las personas cuyas mentes son nuestros espejos. Crear amistades es asunto de intereses comunes. Cuando su estilo de vida cambia, buscará naturalmente personas con quienes tenga cosas en común. En un nivel más profundo y metafísico, su estado mental afecta los centros de energía de su cuerpo, los cuales son llamados "chakras." Cada chakra corresponde a un tópico diferente de nuestras vidas. Los temas en que nos concentramos más a menudo, determinan los chakras que más tenemos estimulados. De esa forma, como si fuera por medio de un radar, atraemos y nos sentimos atraídos por las personas con estados mentales similares.

Los ángeles explican que los chakras envían ondas de energía que rebotan como un sistema de sonido. Cuando conocemos a alguien con un patrón de energía similar, la energía de sus chakras nos rebota de buena manera. Entonces nos sentimos atraídos hacia ellos y nos sorprendemos agradablemente al encontrar que compartimos intereses mutuos.

Por ejemplo, si piensa en el dinero y en la seguridad la mayor parte del tiempo, su primer chakra será afectado. A este lo llamamos el "chakra de la raíz," el cual está localizado en la base de la espina. Como un imán, usted atrae en su círculo de amistades aquellos que también tienen preocupaciones acerca del dinero y de la seguridad.

El segundo chakra, llamado el "chakra sacro," trata de los asuntos del cuerpo. Este chakra está localizado entre su ombligo y su cóccix. Las personas con problemas u obsesiones relacionadas con el cuerpo, con el peso, el apetito físico o las adicciones, tendrán su chakra sacro desequilibrado. Uno tiende a atraer y a sentirse atraído por otras personas a las cuales les interesa mucho su cuerpo.

Los asuntos que afectan el tercer chakra, o del "plexo

solar," incluyen miedos y obsesiones sobre el poder y el control. Este chakra está localizado en la parte central de nuestro cuerpo, detrás de nuestro ombligo. Si estos son los temas que están en nuestra mente con frecuencia, atraemos personas que complementen este estado mental.

Los tres chakras inferiores están relacionados con asuntos terrenales. El cuarto, el "chakra del corazón," es el primero de los chakras relacionados con asuntos más elevados. No es una coincidencia que los chakras centrados en la espiritualidad estén localizados en la parte superior del cuerpo. El chakra del corazón está en el pecho, y se relaciona con el amor. Aquellas personas que trabajan con los asuntos relacionados al amor, tales como el perdón, la compasión, las relaciones entre almas gemelas, son llamados personas "centradas en el corazón". Tienden a atraer a otras personas amorosas en sus vidas.

El quinto chakra, localizado en el área en donde queda la manzana de Adán es llamado el "chakra de la garganta," y se relaciona con la expresión creativa y la comunicación. Esas personas involucradas con proyectos artísticos o de enseñanza, particularmente de una naturaleza espiritual, invocan la energía de su chakra de la garganta. Este chakra es estimulado especialmente por un estilo de vida lleno de integridad, en donde siempre se esmera porque sus palabras y sus acciones concuerden con su verdad interior. Al concentrarse en estos temas, usted atrae almas con intereses similares a los suyos.

"El tercer ojo" es el sexto chakra, el cual se centra alrededor de la visión espiritual. Si ha estado visualizando y meditando, o si es un clarividente natural, este chakra está abierto. Atrae personas con habilidades e intereses similares en su vida.

"Los chakras de los oídos," están localizados justo por

encima de las cejas a cada lado de la cabeza, y tratan de escuchar al Espíritu. Aquellos que meditan en silencio y se sintonizan con los mensajes del cielo han estimulado sus chakras de los oídos y tienden a atraer a otras personas que saben escuchar.

En la parte interna de la parte superior de la cabeza se encuentra el "chakra de la corona," el cual se activa cuando una persona comprende que es una con Dios y con los demás. Una persona con este estado mental, obviamente atraerá a otras personas que comparten su sendero espiritual.

Digamos entonces que en el pasado, la mayoría de sus pensamientos estaban centrados alrededor de asuntos terrenales tales como las cuestiones monetarias o las obsesiones sexuales. Su círculo de amigos compartía creencias similares. Luego tuvo un despertar espiritual que lo llevó a leer y a meditar sobre los tópicos Divinos. Al hacer esto, la energía de su primer chakra ascendió. Entonces, en vez de operar desde su primer chakra (relacionado con el dinero) o del segundo (relacionado con el sexo), comenzó a vivir desde el cuarto (relacionado con el amor) o el quinto (relacionado con la verdad).

Tan pronto como comienza este cambio, usted naturalmente comienza a "empujar" de su vida a las personas con las cuales una vez compartía su estado mental relacionado con el antiguo chakra. Comenzará a desear, o a atraer personas que comparten su enfoque. A través de la ley de la atracción, siempre y cuando mantenga una expectativa positiva, amigos nuevos y similares entrarán en su vida.

CUADRO DE CHAKRAS

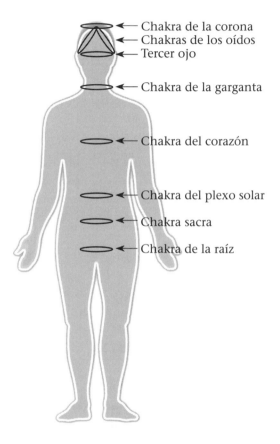

- Chakra de la corona
- Chakras de los oídos
- Tercer ojo
- Chakra de la garganta
- Chakra del corazón
- Chakra del plexo solar
- Chakra sacra
- Chakra de la raíz

La ley de la atracción y los encuentros fortuitos con amigos

Un hombre llamado Charles cuenta esta historia de sincronismo:

Estaba haciendo mis compras navideñas en un centro comercial cerca de Boston cuando mi amigo y yo entramos a una tienda por departamentos, exactamente en el mismo momento en que lo hizo una joven con quien asistimos juntos a la universidad unos años antes. Había estado hablando de ella justamente más temprano esa mañana, diciendo que no la había visto hacía años y que me gustaría verla de nuevo.

Eventos similares al anterior son la prueba de que este es un universo de orden Divino. En vez de preocuparnos acerca de cómo van a suceder las cosas, debemos concentrar todo nuestro tiempo y energía en tener pensamientos positivos respecto a lo que deseamos. A través de la ley de la atracción, atraemos esas situaciones y experiencias en nuestras vidas.

Maria Stephenson, una consejera espiritual de Arizona, cuenta la siguiente experiencia que la ayudó a comprender que tanto ella como sus amigos están protegidos, no solo por la ley de atracción, sino también por ángeles que los asisten.

Un grupo de amigas de Fénix nos encontramos en un hotel en Newport Beach para una conferencia. Algunas compartíamos habitaciones para ahorrar gastos. El viernes por la tarde, llegué al hotel y asumí que ya todo mi grupo se había registrado, ya que todas las demás estaban supuestas a llegar antes que yo. Comprobé si estaban registradas y no lo estaban. Esperé un tiempo y cerca de las 8:30 de la noche, me quedé dormida.

A eso de las 10:40, escuché una voz en mis

sueños diciéndome: *"Despiértate."* Me levanté y miré a mi alrededor. No había nadie. Recosté mi cabeza contra la almohada y me pregunté en dónde estarían mis amigas. Tenía un sentimiento extraño y una voz en mi cabeza me decía: *"Levántate, ponte los zapatos y sal."* Traté de desechar estos pensamientos, pero cada vez eran más intensos, así es que me levanté, me puse los zapatos y me dirigí hacia la puerta. Tan pronto como abrí la puerta, ¡vi a mis amigas que estaban caminando en el pasillo!

El hotel había cometido un error y en vez de poner la habitación a mi nombre, la habían puesto bajo un nombre totalmente distinto. Entonces mis amigas iban a tener que pagar por otra habitación ya que no habían podido encontrarme. Estaban a punto de colocar la llave en la cerradura. Si no hubiera salido en ese instante, se hubieran tenido que quedar en su nueva habitación y nunca las hubiera visto. Hubiéramos tenido que pagar por dos habitaciones. No solamente alcancé a verlas, sino que además fue increíble que hayan estado en el mismo piso... Por supuesto, nos reímos porque sabíamos exactamente lo que había sucedido, ¡gracias a mis ángeles tan persistentes que me despertaron y me mandaron a abrir la puerta!

Sanaciones angélicas para los miembros de la familia

Una mujer llamada Cheryl Anne comparte esta historia de cómo los ángeles sanaron a su hermana y a su perro:

Me desperté temprano una mañana para orar por mi hermana que estaba pasando por una etapa muy dura en su vida personal. Hasta su perro estaba enfermo. Oré por ella, luego traté de apagar la vela que usaba durante mi oración. No se dejaba apagar. Traté varias veces de extinguirla, hasta que comprendí lo que estaba sucediendo.

Cerré mis ojos y me quedé sentada tranquilamente a la luz de la vela. Luego llegaron todos a mí: los ángeles guardianes de mi sobrina, mi sobrino y mi hermana, ¡aun los del perro! Los veía con claridad y me anunciaron su nombre y sus propósitos. Mi hermana tenía dos ángeles, uno de cada lado, uno masculino y otro femenino. Sus nombres eran Michael Edward y Ruth Ann.

Le escribí un mensaje electrónico a mi hermana para contarle lo que había visto. Ella no era una persona de fe, y me preocupaba que se riera de mí o que se enojara, pero aun así sabía que tenía que decírselo. Se quedó sin habla cuando le dije sus nombres. Me dijo que había tenido un sueño la noche anterior: La perseguían un hombre y una mujer. Ella se escapaba de ellos, pero ellos la seguían llamando y le decían: "No corras. ¡Nos necesitas!" Cuando comenzó a despertarse, escuchó o creyó escuchar que la llamaban por un nombre o una palabra extraña. Decidió escribirlo para recordarlo. La palabra que le gritaban en sus sueños, la palabra que había escrito al lado de su cama, era "MERA."

Me pidió que le repitiera los nombres de los ángeles. Cuando se los dije: "Michael Edward, Ruth Ann," notó que ellos componían la sigla MERA, ¡no estoy segura de cuál de las dos quedó más sorprendida! La mayoría de mis encuentros previos habían sido muy personales y otras personas no habían recibido ninguna clase de señas relacionadas con ellos. ¡Siempre se trataba de mí y de mis rarezas! (Por cierto, su perro, que había estado muy cerca de morir y estaba rodeado por minúsculas criaturas angelicales parecidas a pájaros, ¡ahora está perfectamente bien!)

Mi hermana está muy bien ahora. Ella, que se había considerado atea por muchos años, ahora está pasando por un despertar espiritual. Su adorado perrito también se ha curado por completo. Ha sido una época increíble para su familia. Aunque tuvo que pasar por unos momentos muy duros el año pasado, sus vidas están ahora llenas de amor y de la luz de Dios y de sus ángeles guardianes.

Oraciones para sanar las relaciones familiares

Aquí encontramos algunos ejemplos de oraciones poderosas que usted puede usar (ya sea mentalmente, en voz alta o por escrito) para pedirles a Dios y a los ángeles que intervengan en su vida familiar. Por favor, añada o cambie los mensajes en las oraciones para ajustarlas a sus circunstancias específicas.

Oración para concebir un bebé

Querido Dios,
Tenemos mucho amor para dar. Y mi esposo y yo deseamos compartir nuestro amor con un bebé. Te pedimos que tú y los ángeles nos ayuden a concebir. Por favor, envíanos una de tus almas más felices y brillantes a nuestra vida, y deja que este ser se convierta en nuestro bebé. Gracias.

Oración para sanar las relaciones entre padres e hijos

Querido Dios,
Por favor ayúdame a que mi hijo y yo tengamos una relación armoniosa. Te pido Tu ayuda para sanar cualquier temor que interfiera con mi hijo para que podamos expresarnos nuestro amor mutuo. Por favor, ayuda a mi hijo a enfocarse y a sentirse feliz, ayúdalo a que me acepte y a que acepte mis circunstancias. Te pido a ti y a los ángeles que nos ayuden a mi hijo y a mí para que nos perdonemos de todo resentimiento. Por favor, ayúdanos a tener una relación cercana y amorosa. Amén.

Oración por la conducta de los hijos

Querido Dios,
Por favor ayúdame a entender mejor a mi hijo. Te pido que lo cubras con amor, sabiduría e inteligencia. Por favor, ayúdame a que mi hijo entienda y acepte la responsabilidad por su conducta. Te pido que lo guíes para que tome decisiones inteligentes basadas en el amor y no en el miedo. Te pido que Tú y el arcángel Miguel liberen todos los apegos o bloqueos que estén interfiriendo con la felicidad de mi hijo. Gracias.

Oración para sanar las relaciones familiares

Querido Dios,

Sé que los miembros de mi familia y yo tenemos ángeles guardianes. Te pido que esos ángeles guardianes nos ayuden a sanar nuestros problemas y nuestros malos entendidos. Por favor, ayúdanos a liberar nuestra ira y nuestros resentimientos. Te pido que se olviden todos los efectos causados por nuestros errores y que perdonemos a todos los involucrados. Por favor, ayúdame a liberar todos los juicios que pueda estar cargando hacia mí y hacia los demás. Te pido que nuestros ángeles guardianes nos enseñen claramente cómo llegar a Ti, sabiendo que Tu voluntad es que estemos en paz. Gracias.

Oración por un miembro de la familia

Querido Dios,

Por favor ayuda a que mi pariente sienta paz y felicidad en estos momentos. Te pido que le envíes ángeles adicionales para consolarlo. Por favor, rodea toda mi familia con un halo especial de Tu amor Divino. Ayúdanos a calmarnos y a tener fe y confianza. Por favor, envíanos una señal de Tu amor para que podamos liberarnos de nuestros miedos. Gracias por todo Tu amor sanador.

Oración por una amistad que está terminando

Amado Creador,

Yo sé, muy en mi interior que mi amistad con _____ está llegando a su final. Te pido que me ayudes a aceptar esta transición con gracia y paz. Te pido que Tú y los ángeles me ayuden a ser honesto de forma cariñosa, conmigo y con mi amistad. Por favor, ayúdame a ser sincero conmigo mismo para que mis acciones emanen del amor en vez del miedo, la culpa o la obligación. Por favor, consuela a mi amigo para que los dos podamos aceptar este cambio de forma positiva.

Oración para atraer nuevos amigos

Querido Dios,

Me veo rodeado de amigos cariñosos con quienes comparto muchas cosas en común. Puedo sentir la presencia de nuevas amistades con espíritus similares al mío, y Te pido que me ayudes a manifestar esta visión. Por favor, guíame para que encuentre nuevas personas que sean positivas, espirituales, conscientes de su salud y divertidas. Por favor, ayúdame a reconocer que merezco el amor y la atención de estos nuevos amigos. Te lo agradezco mucho.

CAPÍTULO CUATRO

Su cuerpo ascendente

Los ángeles nos ayudan a sanarnos de nuestras dolencias físicas. También nos ayudan a tener más energía y vitalidad, con este fin nos guían para que cuidemos mejor de nuestros seres físicos. Como con todos los aspectos del trabajo con ángeles, debemos pedirles antes de que ellos puedan permitirse brindarnos su ayuda. La única excepción a esta regla, es cuando ocurre una situación que pone en peligro nuestras vidas antes de que sea "nuestro momento" de partir.

Los ángeles y el sueño

Durante una sesión, los ángeles me enseñaron que es importante dormir bien para que puedan ayudarnos mejor. La siguiente es una copia de una sesión (relacionada al tema del sueño), la cual sucedió conmigo y una clienta que acudía a mí por primera vez y a la cual llamaré Rhonda. Por favor, tenga en cuenta que era mi primera sesión con Rhonda y que aún no sabía nada de ella.

A propósito, escribo únicamente los nombres de las personas cuando hacen una cita conmigo para evitar cualquier influencia proveniente de información adicional. Además, trabajo con los ángeles de tres maneras distintas: Escucho lo que me dicen en mi oído derecho, como una traductora; o describo las imágenes clarividentes que me muestran los ángeles; o los ángeles hablan directamente *a través* de mí, indicando el uso de pronombres tales como *nosotros* o *nuestro*.

> **Doreen:** Tus ángeles dicen que están trabajando contigo mientras duermes: en tus sueños y a través de tus sueños. Hay un mensaje que dice que debes dormir más profundamente. [Los ángeles me muestran una luz que te despierta que proviene de tu habitación.]. ¿Hay algún tipo de interferencia en forma de luz mientras duermes?

> **Rhonda:** Sí, trabajo en el turno nocturno ahora mismo, duermo durante el día y la luz del sol entra directamente a mi habitación mientras intento dormir.

> **Doreen:** Eso es exactamente a lo que se refieren los ángeles. ¿Podrías cerrar las cortinas o las persianas?

> **Rhonda:** Cierro las persianas, pero la luz del sol alcanza a pasar a través de ellas. Tengo que poner algo adicional en las ventanas para cubrirlas más.

Doreen: Definitivamente, porque tus ángeles dicen que la luz te despierta y no te deja dormir con la suficiente profundidad. Sin un sueño profundo, los ángeles no pueden llegar hasta el estado de tu sueño en donde pueden interactuar contigo. Están muy preocupados por tu sueño.

Rhonda: Está bien, tengo otras cortinas que puedo colocar sobre las persianas, pero siempre lo estoy dejando para después.

Doreen: Sí, tus ángeles *de verdad, verdad* desean que duermas más profundamente, y dicen que debes bloquear esa luz.

Rhonda [más tarde durante la sesión]: Mi mente ha estado muy ocupada últimamente. ¿Existe algún tipo de meditación, sonido o mantra que pueda usar para aquietar mi mente?

Doreen: Los ángeles dicen: *"Creemos que lo más importante que puedes hacer para ayudar tu mente, es dormir más profundamente bloqueando esa luz. ¡Verás la luz interna si bloqueas la luz externa! No necesitas más herramientas aparte de un buen sueño. Nosotros, los ángeles, estamos ansiosos por trabajar contigo. Llamamos a tu puerta cada noche, pero tienes que estar en un estado de sueño profundo para que podamos tener acceso a ti. No estás logrando ese nivel profundo, y eso está afectando tu concentración."*

Los ángeles no solamente nos aconsejan sobre la importancia de un sueño profundo, sino que además nos ayudan a dormir bien. Lo único que tenemos que hacer es pedirles su ayuda. Un amigo de mi esposo llamado Terry, nos explicó cómo había tenido una experiencia positiva trabajando con los ángeles en este respecto: "Había estado trabajando verdaderamente duro y anticipaba que vendría un día muy difícil. Me sentía exhausto y necesitaba una noche de sueño muy profundo. Entonces les pedí a los ángeles que me ayudaran a lograrlo. ¡Funcionó! Pasé una noche excelente y me levanté refrescado."

Viajes astrales y sueños

Durante una sesión con los ángeles, mi cliente y yo conversamos sobre el fenómeno de las experiencias fuera del cuerpo durante el sueño. Con mucha frecuencia, nuestros ángeles nos escoltan a otros mundos en donde aprendemos lecciones espirituales muy profundas. En otras ocasiones, podemos en realidad involucrarnos en la enseñanza de otras personas durante los viajes astrales.

Doreen: Veo que realizas muchos viajes astrales durante tus sueños y que solo recuerdas un poco estos viajes como si fueran sueños, pero no recuerdas bien los sueños en la mañana.

Katherine: Les pido a mis ángeles que me ayuden a recordar mis sueños, ¡pero aun así no los recuerdo!

Doreen: Cuando haces viajes astrales, vas a un mundo tetra-dimensional en donde las cosas no se basan en el tiempo o en espacio. Esas son nociones del mundo tridimensional, las cuales limitan nuestra habilidad para comprender los fundamentos de la vida. Estás aprendiendo entonces verdades que no se traducen, o que no tienen sentido, cuando te despiertas con tu programación mental tridimensional. Sin embargo, todo lo que aprendes, y todas tus experiencias durante tus sueños, se incorporan en tu inconsciente y te influencian *verdaderamente* de una manera positiva. Por eso, no es necesario que recuerdes tus viajes astrales y las lecciones que aprendes durante tus sueños para que puedas beneficiarte de ellas.

Energía angélica

Ahora usted sabe que los ángeles nos ayudarán a dormir si se lo pedimos y seguimos su guía. Al hacer esto, nos despertamos refrescados y llenos de vitalidad. No hay razón para que nos sintamos cansados, ya que los ángeles dicen que tenemos una fuente ilimitada de energía que nos rodea. Esta fuente es Dios omnipresente, el cual está dentro de nuestro interior ahora mismo.

Si se siente cansado sin razón aparente, pídale mentalmente al arcángel Miguel que acuda en su ayuda, usando una oración como la siguiente:

Oración para incrementar la energía

Arcángel Miguel, les pido a ti y a tus asistentes que acudan ahora mismo a mi lado. Por favor, alejen y liberen todo lo que me está agotando, ayúdenme a elevar mi energía hacia su estado natural de vitalidad ahora mismo. Gracias.

❧   ❧   ❧

Sentirá la presencia de este ángel poderoso tan pronto termine de decir una oración así. Usando su "espada," Miguel aleja los apegos que lo están agotando, así como la energía negativa que lo está abrumando. En minutos, se sentirá refrescado y lleno de vitalidad. He descubierto que este método funciona diez veces mejor que tomar una taza de café.

Una mujer llamada Pam también descubrió que los ángeles podían ayudarla a permanecer despierta, un día que tenía que conducir en la noche por un largo periodo de tiempo:

> Un día, mi amigo y yo conducíamos a casa desde Las Vegas. Mientras él conducía, sus ojos comenzaron a sentirse pesados, casi se le cerraban. Los dos estábamos cansados, pero él parecía encontrarse en peor estado que yo. Tomé el volante, pero después de un rato, mis ojos también comenzaron a sentirse pesados y se cerraban todo el tiempo.
>
> De repente, de la nada, sentí una explosión de energía. Poco menos de un minuto más tarde, un automóvil cruzó desde el carril extremo derecho y atravesó tres carriles. El auto erró la separación central girando por completo y deteniéndose en medio del carril por el cual yo transitaba. Logré frenar en seco justo unas pulgadas antes de chocar contra él. Si este incidente hubiera ocurrido tan solo unos minutos antes, hubiera chocado estruendosamente contra el otro auto mientras estaba adormecida.

No hace falta decir que la adrenalina se elevó en mi cuerpo debido al incidente y que quedé totalmente despierta. Llegamos a casa sanos y salvos.

Antes de este incidente, mi amigo me había hablado de los ángeles, pero yo no estaba segura si creía o no en ellos. No era que no creyera, me consideraba escéptica pero tenía mi mente abierta. Esto fue una prueba fehaciente para mí de que los ángeles guardianes en realidad sí existen. Después del incidente, mientras conducía en la carretera, dije: "Está bien, ¡ahora creo!" y le agradecí a mis ángeles por cuidarnos a mi amigo y a mí.

Desintoxicar su cuerpo

Los ángeles nos imploran que desintoxiquemos nuestros cuerpos, y es posible que usted haya tenido algunas sensaciones que lo incitan a realizar cambios en su dieta y en su estilo de vida. Estos mensajes son muy reales y le están llegando de sus ángeles guardianes. No se los está imaginando.

Los ángeles nos piden que dejemos de consumir toxinas en la forma que nos alimentamos, lo que bebemos y el uso que le damos a nuestro cuerpo. Las toxinas diminuyen nuestros niveles de energía y nos hacen sentir lerdos. También bloquean nuestra habilidad de recibir claramente mensajes del cielo. Las toxinas interfieren con nuestro crecimiento espiritual.

Las principales toxinas que los ángeles nos piden evitar son:

— *Carnes, aves y pescados contaminados con hormonas y pesticidas*. Puesto que en la actualidad, prácticamente todas las carnes de animales y sus sub-productos (leche, huevos, queso, etc.) tienen residuos de hormonas y pesticidas, usted debería considerar adoptar un estilo de vida vegetariano o casi vegetariano (eliminando los productos derivados de los animales una o dos veces a la semana). Si siente que debe consumir productos animales, compre productos lácteos "orgánicos" (tales como la leche de vaca marca Horizon), y pollos de granja criados al aire libre, carne de reses tratadas sin hormonas y huevos de gallinas criadas en granjas y al aire libre. Estos productos están disponibles en las tiendas naturistas, así como también encuentra ahí sustitutos magníficos para la carne y las aves, tales como el gluten, la carne de soya y el tofú asado. El vegetarianismo se ha difundido en proporciones inimaginables en los últimos cinco años. Si hace mucho que no intenta consumir productos vegetarianos, es una excelente idea volver a intentarlo, ahora son deliciosos y es difícil distinguirlos de la carne.

— *Pesticidas en las frutas y en las verduras*. Trate de llevar una dieta totalmente orgánica. Pídale al encargado de su supermercado que ofrezca una selección variada de productos orgánicos, o busque una tienda naturista o un puesto de frutas en su área que venda frutas y verduras orgánicas.

— *Toxinas en las bebidas*. Los ángeles nos piden que eliminemos o reduzcamos significativamente el alcohol, la cafeína y las bebidas carbonadas de nuestra dieta. Consuma agua de manantial, no "agua potable," ya que los ángeles nos piden que consumamos agua en su forma más natural posible. Consuma jugo de frutas recién preparado, ya que la fuerza vital de las frutas se disipa 20 minutos después de que son exprimidas o licuadas. El jugo de frutas concentrado o refrigerado contiene vitaminas saludables, pero no ofrece la vitalidad de un jugo recién preparado.

— *Nitratos.* Evite la charcutería, productos tales como los embutidos, el salchichón y la tocineta. Existen productos sustitutos fabulosos hechos a base de soya que lucen, saben y huelen como los originales. Muchos supermercados y tiendas naturistas ofrecen estos productos sustitutos de la charcutería.

— *Toxinas en los artículos de tocador.* Evite el lauril sulfato de sodio, un catalizador del nitrato y el glicol propileno, un anticongelante industrial. Lea las etiquetas de sus lociones, pasta de dientes, cosméticos y champú. Weleda fabrica una de las pocas pastas de dientes que no contienen lauril sulfato de sodio como uno de sus ingredientes (sus pastas de dientes "Plant Gel" y "Caléndula" son maravillosas y pueden pedirse al teléfono 1-800-241-1030 en los Estados Unidos), y Aubrey fabrica cremas fantásticas (1-800-AUBREYH). Las tiendas naturistas ofrecen una amplia variedad de productos no-tóxicos, pero asegúrese de leer los ingredientes en las etiquetas, porque algunos productos supuestamente naturales contienen lauril sulfato de sodio.

— *Toxinas en productos para la limpieza del hogar.* Evite cocamida DEA, DEA, sulfato de sodio laureado, sulfato de sodio laureth, sebo de grasa animal y fragancias sintéticas. Las tiendas naturistas ofrecen limpiadores y detergentes naturales y efectivos. Evite el cloro y los productos de papel, tales como servilletas y detergentes que han sido tratados con cloro.

Puede acelerar el proceso de desintoxicación tomando grandes cantidades de líquidos, haciendo ejercicio, durmiendo bien y tomando aire fresco. También puede extraer los metales y los agentes contaminantes de su cuerpo rápidamente, tomando "jugo de pasto de trigo joven," el cual se consiguen en la mayoría de las tiendas naturistas y en las tiendas en donde venden jugos frescos de frutas.

Los ángeles dicen que están trabajando con nosotros para incrementar la "frecuencia vibratoria" de nuestros cuerpos. Como una cuerda de violín que vibra a una frecuencia tan elevada como la nota que está siendo ejecutada, nosotros mismos estamos comenzando a ascender en la escala. Estamos haciendo esto para mantenernos a tono con la frecuencia vibratoria acelerada de la Tierra.

Esto no significa que nos movemos más rápido durante el día o que nos volvemos más ocupados o nos apresuramos más. La frecuencia vibratoria significa que somos menos densos y más sensibles a las frecuencias más elevadas, más sutiles del reino angélico. Significa que somos más intuitivos, creativos y nos sentimos más revitalizados naturalmente.

Muchos trabajadores de la luz se sienten guiados a adoptar un estilo de vida vegetariano, Luego, gradualmente, se siente guiados a convertirse en veganos por completos (no consumen ningún tipo de producto de origen animal). Después de este paso, se sienten guiados a consumir solamente productos crudos o sin procesar, verduras, nueces y granos. Eventualmente, nos estamos moviendo colectivamente hacia un estilo de vida "respiracionista," en donde recibimos todo nuestro alimento del *prana* o energía sutil que está en el aire. Esto incrementará dramáticamente nuestra expectativa de vida y nuestra habilidad de comunicarnos telepáticamente.

Si se siente inclinado a desterrar ciertos alimentos o bebidas de su dieta, pídale mentalmente a sus ángeles guardianes que lo ayuden a sanar las ansias por ese producto para que no lo extrañe. Se quedará sorprendido ante la facilidad con que logrará renunciar a las comidas y a las bebidas tóxicas. Cada semana, me encuentro con personas que me dicen que los ángeles eliminaron o redujeron significativamente sus ansias por el alcohol, el azúcar, el pan blanco, el chocolate, las sodas y otras toxinas. Yo misma logré experimentar esto, cuando pude retirar por completo de mi vida mis ansias por la comida chatarra y el café.

Esta es una magnifica oración:

Queridos ángeles,
Por favor rodéenme con su energía sanadora y ayúdenme a sanar mis ansias por comidas y bebidas no saludables. Por favor, quítenme el deseo de consumir sustancias tóxicas y ayúdenme a tener la motivación para vivir y comer de forma saludable. Por favor, guíenme cuando estoy haciendo mis compras, preparando la comida y consumiéndola, y guíenme para saber vivir sin contaminar mi cuerpo o mi mundo. Con amor y gratitud, les doy las gracias.

Ángeles que sanan, ángeles que ayudan

También hablo con muchas personas que han recibido sanación a través de la oración, de conversaciones con Dios y después de haberle pedido ayuda a los ángeles. Fred Rothlisberger, un lector de mis libros, me envió la siguiente historia:

> Iba para mi tercera cirugía de la espalda el 16 de febrero de 1998. Mi primera cirugía había ocurrido muchos años atrás debido a una condición congénita. Estaba preocupado de que me adormecieran de nuevo, ya que había tenido problemas en el pasado con la anestesia.
>
> Estaba afuera en el jardín de mi casa, limpiando la suciedad de los perros, cuando escuché una voz: *"No te preocupes por la cirugía; todo saldrá bien. Dios tiene más trabajo para ti."* Desde ese momento, me sentí lleno de paz. Me operaron, y me descubrieron un quiste en la espina, el cual me estaba haciendo presión en la médula espinal, causándome el dolor. Al día siguiente de la operación, me enviaron a casa.
>
> Me recuperé rápidamente. Había pasado por siete cirugías en mi vida y nunca me había sentido tan lleno de paz, ni me había recuperado tan rápidamente como en esta ocasión.

ჭ   ჭ   ჭ

Una mujer llamada Shelly Long encendió la radio "casualmente" el día en que me encontraba en una emisora de radio local de Fénix, Arizona. Shelly estaba en camino a visitar su doctor para una biopsia en un bulto que le habían descubierto en su seno. Ella escuchó cuando yo enfatizaba: "Deben pedirles ayuda a sus ángeles. A menos que ocurra una situación que ponga en peligro su vida antes de que sea su momento de morir, los ángeles no pueden intervenir sin su permiso."

Shelly había sido siempre una mujer de fe, pero había olvidado pedirles ayuda a los ángeles para que la sanaran. Dijo una oración, solicitándoles intervención a los ángeles y luego entró a la oficina del doctor. Durante el examen, el doctor le dijo que no era posible localizar el bulto. Había desaparecido desde su cita previa, ¡una semana antes!

A los ángeles les encanta asistirnos, y puesto que ellos tienen una fe absoluta, mantienen una actitud alegre mientras nos ayudan. Los ángeles me han enseñado que una actitud sombría a menudo empeora las cosas. La alegría es la clave para manifestar los deseos, incluyendo la sanación. De hecho, los ángeles a menudo demuestran un sentido del humor extraordinario durante su trabajo con nosotros, tal como lo ilustra en su historia Tina Needham:

> He leído muchos libros que me han parecido profundos y significativos. Pero no fue hasta que leí *Divine Guidance* (La guía divina), que sentí que había encontrado una verdadera herramienta para lograr un nivel diferente y más "activo". Estaba siguiendo el consejo de Doreen de liberar los bloqueos y meditar. Cuando iba por la mitad del libro tuve mi primera experiencia con los ángeles. Era tan parte de la "rutina diaria" que todavía me hace reír. No escuché arpas ni tuve visiones gloriosas.
>
> Una noche, estaba en la cama al lado de mi esposo quien dormía profundamente mientras yo no podía dormir debido a un dolor de garganta agudo causado por una infección bacteriana. Escuché una voz de mujer en mi oído izquierdo. Decía: *"Maestra, las pastillas para el dolor de garganta están en la gaveta de abajo."* Definitiva-

mente, ¡no era el mensaje profundo que yo buscaba!

Me quedé entumecida. Permanecí así durante unos momentos, tratando de asimilar lo que me había sucedido. Desperté a mi esposo para ver si había sido él quien me había dicho algo, (aunque la voz era de mujer). Traté de encontrar cualquier explicación. Yo era escéptica de corazón, razón por la cual estaba tratando de liberar los bloqueos que me impedían ver a mis ángeles.

Es importante que sepan que yo nunca tomo pastillas para el dolor de garganta, ya que me disgustan profundamente su sabor y su textura. Me senté con los pies en el piso, respiré profundamente y abrí la tercera gaveta de mi mesita de noche, la cual era la de más abajo. Estaba oscuro y empecé a escarbar en el desorden de la gaveta hasta que la sentí, era una pastilla vieja y pegajosa, pero era verdaderamente una pastilla Hall's de mentol. Se me puso la piel de gallina en todo el brazo. Me levanté de inmediato y escribí todo lo que me había sucedido. Eran las tres de la mañana. Jamás lo olvidaré. Todavía no entiendo porqué se refirieron a mí como "Maestra."

Sanar el pasado

Los ángeles no se limitan a las constricciones de tiempo y espacio. Tampoco lo hacemos nosotros, pero todavía no lo creemos lo suficiente, por eso parecemos atrapados en un acceso limitado al tiempo y al espacio.

Si siente remordimientos por algunas de sus acciones pasadas, y eso lo está impactando en su salud diaria, los ángeles pueden ayudarlo. Por ejemplo, si ha abusado su cuerpo con cigarrillos, alcohol, o drogas en el pasado, sus ángeles pueden ayudarlo a deshacer los efectos negativos de estás conductas. Al hacer esto, se afectará positiva-mente a todas las personas involucradas, por ejemplo, se sanará cualquier consecuencia negativa que otra persona haya percibido debido a su habito de fumar (tal como las personas afectadas por el humo de su cigarrillo) o hábitos de intoxicación.

Esta es una oración a los ángeles para ayudarlo a deshacer los efectos del pasado:

Oración para deshacer los efectos del pasado

Queridos ángeles,
He cometido errores con mi cuerpo, y pido que todos esos efectos o errores se deshagan y se olviden en todas las direcciones del tiempo y a todas las personas involucradas.

Expectativa de vida

Parte del plan vital que hemos desarrollado antes de encarnar es el tiempo de vida que tenemos. En conjunto con nuestros guías y nuestros ángeles, decidimos si vivire-mos 40, 60 ó 100 años. La mayoría de las personas optan por vivir muchos años, porque desean estar con sus hijos y con sus seres amados durante mucho tiempo. Sin embargo, otras personas deciden vivir menos tiempo, ya sea porque se sienten renuentes a vivir en la Tierra durante un siglo, o porque solo tienen que aprender una breve lección antes de regresar al cielo.

Los nuevos "Niños Índigo" a los cuales nos referimos anteriormente, tiene expectativas de vida más largas que las generaciones previas. Muchos de estos niños, madurarán en la nueva energía que surgirá con el cambio de milenio y tendrán vidas extremadamente largas. Esto se debe a que muchas de las condiciones que son perjudiciales para la salud, tales como una dieta pobre, vivir en el estrés, y respirar contaminantes, no serán ya un factor existente. Los humanos vivirán en un mundo fresco y limpio; comeremos muchos más alimentos nutritivos; y no competiremos ni nos enfrascaremos en actividades poco saludables.

Los ángeles pueden decirle cuál es su expectativa de vida, si decide que quiere saberlo. Cuando las personas saben el tiempo que van a vivir, ocurren varios resultados positivos. He observado a varios individuos que se han curado de fobias en un instante tan pronto como supieron cuantos años iban a vivir. De repente, fueron capaces de liberar sus temores de morir ahora que saben que su fin no está próximo. Por supuesto, esto no es una invitación para "tentar el destino" y comenzar a saltar de aviones sin paracaídas. Sin embargo, saber esto puede ayudarlo a calmarse bastante.

En segundo lugar, aquellos que reciben información sobre sus expectativas de vida, se sienten motivados a realizar sus sueños ahora, en vez de esperar el futuro. Avanzan en sus carreras, pasatiempos y ambiciones porque saben que tienen un número determinado de años para lograr sus metas y disfrutarlas.

Para saber cuánto tiempo tiene de vida, tan solo cierre sus ojos y respire profundamente, Luego, pregúntele a sus ángeles guardianes: "¿A qué edad voy a dejar este plano físico y regresar al plano de la vida después de la muerte? ¿Qué edad tendré en esta vida al momento de mi fallecimiento?"

Podría escuchar, ver, sentir o presentir una serie de números. La mayoría de las personas escuchan dos o tres números porque han seleccionado estas edades como "hitos." El primer número que escucha, es la edad en que podría "regresar al hogar" en el cielo si termina su misión y decide partir. Si lo desea, se puede quedar y vivir una segunda o tercera etapa.

Si recibió una edad que ya ha transcurrido, piense por un momento lo que le sucedió en ese momento. ¿Quizás se sentía deprimido, enfermo, tenía pensamientos suicidas o estuvo en un accidente? Si así es, usted decidió permanecer en la Tierra más tiempo y vivir hasta una edad más avanzada de la que había escogido originalmente.

Si usted es una de esas almas que eligió estar aquí para el cambio del milenio y más allá aun, puede ser que termine viviendo cientos o hasta miles de años. Tal como lo mencioné anteriormente, la expectativa de vida en el cambio de energía venidero, se incrementará dramáticamente.

Usted tiene libre albedrío y yo creo que usted puede elegir ir al hogar o quedarse aquí por periodos más largos o más cortos que lo diseñado originalmente. Entonces, si no le agrada la información que obtuvo sobre su expectativa de vida, cambie la edad de su muerte. *Un curso en milagros* dice que nadie muere sin su propio permiso. Usted dispone, y sus ángeles le ayudan a realizar sus deseos.

Oración para la salud y la sanación

Querido Dios,

Sé que me has creado a Tu imagen y semejanza. Te pido que Tú, el Espíritu Santo y el arcángel Rafael me ayuden a experimentar y a conocer la salud total en este cuerpo físico. Estoy dispuesto a liberar todos los pensamientos y conductas que crean la ilusión de enfermedad y dolor. Sé que eres omnipresente, y por lo tanto, existes en cada célula de mi cuerpo. Por favor, ayúdame a sentir Tu amor en mi cuerpo físico para reconocer que Tú me acunas en Tus brazos ahora mismo. Amén.

Oración por la salud de un ser querido

Amado Dios,

Gracias por enviarme al arcángel Rafael y a los ángeles de sanación al lecho de mi ser querido. Veo ahora que Tú, el Espíritu Santo, Rafael y los ángeles están rodeando a mi ser querido. Visualizo a esta persona, sonriendo y sintiéndose bien. Yo sé, que en verdad, mi ser querido está bien ahora mismo y te pido que sigas ayudando para que percibamos esta paz y esta salud en nuestra vida diaria. Que se haga tu voluntad.

Oración para el peso y el apetito

Querido Dios,

Hoy, tengo la intención de que solo sienta apetito por los alimentos y las bebidas saludables y ligeras. Estoy dispuesto a liberar todos los miedos que han hecho que coma más de lo que debo. Sé que me estás guiando en cada momento de mi vida, incluso cuando como y bebo. Te pido que me sigas bendiciendo con la sabiduría y la paz Divinas, para que así todas mis decisiones sobre el consumo de alimentos y bebidas, provengan de mi ser superior. Gracias y amén.

Oración para conciliar el sueño

A mi Creador,

Por favor, ayúdame a dormir plácidamente esta noche. Pido que un ángel guardián se coloque en los cuatro puntos cardinales de mi hogar durante la noche. Visualizo mi casa rodeada de la luz blanca Divina de Tu amor protector. Estoy dispuesto a entregarles a Ti y a los ángeles todas mis preocupaciones y todos mis miedos, para de esta forma vaciar los bolsillos de mi alma durante esta noche. Por favor, envíame ángeles reconfortantes a mi lado para que pueda disfrutar de un sueño profundo y maravilloso.

Oración para motivarse a realizar ejercicios físicos

Querido Dios,

Por favor ayúdame a sentirme motivado para cuidar de mi cuerpo. Te pido que me ayudes a cumplir mi compromiso de ejercitarme, comer sanamente, y descansar lo suficiente. Por favor, ayúdame a tener fe en mi habilidad de lograr y mantener una buena forma física. Por favor, guíame para llegar a conocer los mejores métodos para mi cuidado personal. Si me falta motivación, o si tiendo a dejar las cosas para después, por favor ayúdame a fortalecer mi resolución. Gracias y amén.

Oración para sanar una adicción

Amado Señor, Espíritu Santo y los ángeles,

Reconozco que las adicciones son en realidad ansiedad por el amor Divino. Por favor, ayúdenme a sentir que estoy lleno del amor de Dios siempre presente. Estoy dispuesto a liberar

*cualquier miedo que pueda bloquear mi percepción de Su amor.
Les pido que me liberen de todas mis creencias, patrones, sentimientos y pensamientos que activen mis ansiedades. Por
favor, guíenme hacia las personas, las situaciones y las experiencias que apoyen mi deseo de estar libre de adicciones. Les
entrego todas mis ansiedades, y les pido que me envíen ángeles
adicionales para que me rodeen con la luz de la salud y la paz.
Por favor, ayúdenme ahora y siempre. Amén.*

Nuestra salud y nuestra vida se afectan en gran parte
debido a nuestros trabajos. Y los ángeles también desean
ayudarnos en nuestras vidas profesionales y financieras.
En el siguiente capítulo, verá cómo los ángeles nos guían
para recordarnos nuestro propósito en la vida y para descubrir vocaciones y profesiones significativas.

CAPÍTULO CINCO

El propósito de la vida y su profesión

Los ángeles nos ayudan en nuestro sendero profesional y sienten empatía hacia las personas que sienten que tienen el trabajo equivocado. Los ángeles ven nuestros talentos escondidos y saben que podemos ayudar a los demás, y disfrutar haciéndolo, mientras trabajamos en una profesión que incorpore nuestros intereses naturales.

Muchas personas acuden a mis consultas para comprender el propósito de sus vidas. A los ángeles les encanta ayudarnos a recordar la misión para la cual nos hicimos voluntarios antes de encarnar. Algunas veces, su ayuda viene en forma de guía emocional, como sucedió en el caso de mi cliente Amy.

Amy: ¿Hay algún mensaje que mis ángeles me quieran ofrecer en relación al sendero y a la dirección de mi vida?

Doreen: Escucho a tus ángeles decir en unísono: "¡Sé honesta contigo!" Parece que estás siguiendo tu vida profesional de alguna manera, pero que sigues comprometiendo el verdadero deseo de tu corazón. Me dicen que tú racionalizas tus sentimientos sobre tu carrera y que estás pidiendo ayuda. La respuesta a tus oraciones ya te ha sido dada y tú lo sabes: Sé honesta contigo, y toma los pasos necesarios para seguir tu honestidad personal. Dios y los ángeles te guiarán paso a paso en lo que tienes que hacer y decir, y puedes estar segura de que ellos jamás te pedirían que hagas algo que pueda hacerte daño a ti o a los demás.

Encontrar el propósito de tu vida

"¿Cuál es mi propósito?" es una de las preguntas más comunes que me hacen mis clientes. Me la hacen, porque desean realizar un trabajo que tenga un impacto significativo en el mundo. Cada uno de nosotros tiene un "propósito divino en nuestra vida," el cual es la misión que nos comprometimos a cumplir durante esta vida. Dios, nuestros ángeles y guías nos ayudan a formular este propósito antes de nuestra encarnación. Ellos se aseguran de que este propósito se entrelace con nuestros talentos e intereses naturales. El plan también viene dispuesto con suficiente tiempo, dinero, inteligencia, creatividad y todo tipo de recursos para realizarlo por completo.

Annette era una viuda retirada que deseaba saber cuál era su propósito en la vida y quien tenía un gran deseo de dejar su contribución en el planeta. Tal como los ángeles se lo explicaron, nuestro propósito en la vida no necesariamente tiene que ser una vocación remunerada.

Annette: Quisiera saber cuál es mi propósito en la vida porque deseo hacer algo que ayude a este mundo.

Doreen: Tus ángeles dicen que ya lo estás haciendo. Ellos dicen: *"No todos los propósitos tienen que ser un trabajo de ocho horas diarias con un salario. Muchos propósitos involucran que tan solo estés centrada y en paz cuando estés de compras en la ciudad. Eres una mensajera de la luz y del amor Divinos. Eres un modelo a seguir para muchos, lo cual es un propósito sutil pero importante. Para ser un ejemplo para los demás, no tienes que ser alguien que salga en la televisión o en los periódicos. Puedes ser alguien, que como tú, seas un ejemplo de paz, compasión y amabilidad."* Ellos me están indicando que esas son tus cualidades y que las personas se dan cuenta de ellas. Los ángeles también me dicen que ocuparte del jardín es una terapia para ti.

Annette: ¡Es cierto, me encanta la jardinería!

Doreen: Ellos te felicitan y te dicen: *"Cada vez que te ocupas de tu jardín, estás contribuyendo a la paz del mundo. Cuando tienes un pensamiento pacífico, trasciendes hacia el exterior y afectas a los demás, así como, por lo contrario, con los pensamientos de enojo afectas a los demás, al igual que lo hace el humo del cigarrillo de un fumador. Cuando estás cuidando de tu jardín, tus pensamientos tocan una hermosa melodía que resuena a través de las esferas."* Tus ángeles te bendicen por tus contribuciones.

Los ángeles dicen que no tienes que marcar tarjeta en un trabajo asalariado para realizar tu contribución en el planeta. Sin embargo, también mencionan que si deseas hacer trabajo voluntario, te verías muy bien en una institución como un asilo de ancianos. En tu trabajo como voluntaria, podrías simplemente visitar a los ancianos y ponerles una mano en el hombro y decirles una palabra amable. Llévales té. Al hacer esto, tu energía amorosa y sanadora les será transmitida a ellos.

Annette: Sí, ¡yo ya había pensado en trabajar como voluntaria en un asilo de ancianos!

Doreen: Bien, eso es algo que los ángeles dicen que disfrutarías y en lo cual serías muy efectiva, en caso de que decidas trabajar fuera de tu casa. Te veo yendo a las habitaciones de los ancianos y consolándolos de manera sencilla, tranquila y amorosa. No se trata tanto de lo que les digas, sino de que tu sola presencia los hará sentir mejor.

Annette: Definitivamente, ese es mi estilo.

Doreen: Pero tus ángeles no te están presionando para que hagas eso ahora mismo, Annette. Ellos dicen: *"Este es el momento para que te desaceleres, te relajes y disfrutes la vida. Mantén tu ritmo bajo control."*

Annette: ¡Oh!, eso tiene mucho sentido. ¡Estuve muy ocupada durante tantos años!

Doreen: Ellos no quieren que te estreses ni que te hagas reproches. Desean que sepas que estás contribuyendo a la paz del mundo cada vez que tienes un pensamiento pacífico.

Tal como lo explican los ángeles de Annette, nuestra misión es estar en paz con nosotros mismos. Por eso es que nuestra misión es más cuestión de "ser" que de "hacer." Obviamente, el deseo de servir a los demás en muy fuerte en muchas personas. Hay un temor humano natural de morir sin haber vivido una vida significativa. En la siguiente sesión con mi clienta Stella, hablamos sobre cómo realizar nuestro propósito cuando es prácticamente instintivo:

Stella: Me siento impulsada muy dentro de mí para lograr lo que vine a hacer a esta vida.

Doreen: Sí, por supuesto.

Stella: Y no es el tipo de sentimiento que se va disipando con los años.

Doreen: No, no es posible que esto suceda. Esa necesidad que todos tenemos de seguir nuestro propósito en un instinto poderoso en extremo.

Stella: A medida que pasan los años, ahora que tengo cuarenta y tantos, comienzo a sentir que no me queda demasiado tiempo. Tengo que comenzar a "hacerlo" ya, sea lo que sea que se supone que haga.

Doreen: Exactamente. Los propósitos no tienen que ser siempre una profesión remunerada. Es agradable cuando eso sucede, pero por favor no te olvides de todo lo que estás haciendo cuando ayudas a los demás, cuando los escuchas y les enseñas. Hablaremos con tus ángeles en nuestra sesión de hoy y veremos qué tienen que decir respecto a tu propósito en esta vida. Tú tan solo lo has olvidado y los ángeles te lo recordarán si tú se los pides.

Profesiones espirituales

Algunas veces, mis clientes me dicen que desean ayudar a las personas por medio de una profesión relacionada con la espiritualidad. Muchas personas están haciendo contribuciones significativas de maneras bastante sutiles. Por ejemplo, el propósito de la vida de algunas personas es "anclar la luz" en el mundo. Esto significa que son enviados como ángeles radiantes en la Tierra para enviarle pensamientos y energía a la atmósfera terrenal para deshacer los efectos dañinos de la polución y la negatividad. En la siguiente sesión, mi clienta Belinda y yo conversamos sobre el papel del impacto del cambio que su frecuencia vibratoria elevada está teniendo en el mundo:

Belinda: ¿Podrías darme alguna idea sobre cuál es mi misión en esta vida? Durante mucho tiempo pensé que mi misión era tener una gran relación de pareja, y por consiguiente, elevar nuestra frecuencia vibratoria como tal. Pero últimamente, en vista de que no he logrado encontrar ese tipo de relación permanente, estoy comenzando a preguntarme si mi misión no estará relacionada con algo distinto.

Doreen: Sí, tu misión es la de elevar tu frecuencia vibratoria. Al hacerlo, elevas el mundo entero y ofreces un servicio. Pero también debes aprender el equilibrio entre la humildad y la humillación, y amarte a ti misma como amas a tu prójimo. Tienes algunos asuntos que resolver relacionados con tu intimidad y estás aprendiendo este equilibrio para lograr lidiar con los demás. Igual estás aprendiendo a expresarte con fines terapéuticos.
También estás en el sendero de la enseñanza, por lo tanto, el arte, la escritura y la expresión creativa, son

realmente importantes para tu crecimiento. Veo periódicos a tu alrededor. Cuando comenzó nuestra sesión, te vi escribiendo. Sería bueno que exploraras esta posibilidad, comienza a escribir un diario, y de ahí, ya verás a dónde te lleva eso.

Belinda: En realidad, me encanta escribir.

Doreen: Los ángeles también me dicen que sería una excelente idea que te rodees de rosas de color rosa.

Belinda: ¡Oh! Es maravilloso, ¡tan solo pensar en eso me hace abrir mi corazón!

Doreen: Exactamente, las rosas color rosa activan la apertura del chakra del corazón.

El alma del artista

He descubierto que las personas son más felices cuando tienen profesiones que concuerdan con sus verdaderos intereses. Los artistas, como es el caso de mi clienta Eileen, tienen que tener carreras creativas. Algunas personas piensan que no pueden ganar dinero por medio del arte, pero si usamos nuestros recursos creativos, descubrimos muchas formas prácticas y maravillosas para ganar dinero artísticamente:

Eileen: A esta edad, no puedo darme el lujo de cometer más errores en mi carrera profesional, y les pido guía a mis ángeles. ¿Estoy haciendo lo correcto al comercializar este producto, o debería estar haciendo algo distinto? Estoy cansada y confundida y no deseo emplearme en un trabajo convencional.

Doreen: Tus ángeles te agradecen por hacerles esta consulta. Ellos te recuerdan que eres parte de un equipo, y les encanta el enfoque del trabajo en equipo en tu carrera. También te sugieren que acudas a ellos para otros aspectos de tu vida, incluyendo tus relaciones.

Tus ángeles dicen que tienes verdadero talento artístico y que no debes desecharlo. Puedes tener un empleo que disfrutes mientras que al mismo tiempo sigas en pos de tu verdadera pasión. No confundas las dos cosas pensando que tienes que sufrir para producir dinero hasta que aparezca tu verdadera misión. La posición como comerciante por medio de la computadora, no se ajusta a tus intereses verdaderos. Tan solo lo estás haciendo por el dinero y, desafortunadamente, cuando hacemos eso, no logramos ganar lo suficiente, ¡y *encima de* eso no disfrutamos lo que hacemos!

Hay otro trabajo que te está esperando. Veo ventas que involucran a una mujer en una boutique o en una especie de tienda. Es un trabajo tranquilo, feliz, con clientes contentos. Esto ayudará a concretar tu otro trabajo (es algo en que eres independiente y tienes que usar tu creatividad) porque te sentirás feliz y segura financieramente.

Eileen: Gracias. Me gustaría preguntarle a quienes sean que son mis ángeles, si esa otra carrera, podría ser un servicio de banquetes.

Doreen: El servicio de banquetes se ajusta a los parámetros que los ángeles me están mostrando. ¡Cualquier cosa en la que puedas usar tu talento artístico funcionaría de maravilla!

Tienes varios ángeles a tu alrededor, incluyendo Gabriel, el ángel de los artistas y los comunicadores. Otros ángeles que están contigo son Hoziel, Chamuel y un ángel que insiste en que su nombre es Óscar.

Dar un impulso a sus negocios

Una tarde, ofrecí un seminario para un grupo de sanadores que usaban toda una variedad de técnicas, sobre cómo los ángeles podían ayudarlos en sus consultas privadas. Durante la charla, mencioné que ellos podían pedirles a los ángeles que los ayudaran a traer más clientes. Todo lo que tenían que hacer, era orar así: "Pido que todas las personas que desean recibir mis bendiciones, sean guiadas hasta mi consultorio."

Una de las personas de la audiencia, Elisabeth, logró un éxito inmediato después de decir esta oración. Me escribió: "Asistí al seminario en el cual usted hablaba de las afirmaciones para conseguir más clientes. Lo hice de inmediato y después seguí haciéndolo a diario. En ese momento, comencé a recibir personas que habían sido referidas por otras personas que habían asistido a mi consulta con anterioridad. Todo sucedió de un día para otro."

Otra de mis estudiantes espirituales llamada Nancine, les pidió a sus ángeles que la ayudaran a comenzar una carrera como oradora pública. Esta es la historia de cómo los ángeles la guiaron en su divinidad para que pudiera dictar charlas:

Estoy comenzando una carrera como oradora motivadora y había estado meditando por algún tiempo en cómo manifestarme ante una audiencia. Mientras estaba en silencio y tranquila durante una meditación, escuché la guía Divina de mis ángeles. Al principio, mis ángeles me estimularon para que buscara el bloqueo subyacente que surgía cuando me imaginaba logrando realizar verdaderamente el deseo de mi corazón, y luego liberara esta creencia. Cuando lo hice, me di cuenta de que el ego estaba preocupado por si yo estaba verdaderamente calificada o si tenía la suficientes acreditaciones. Estaba muy bien calificada y tenía las suficientes acreditaciones. Entonces escribí esta y otras preocupaciones en un papel y las quemé en una ceremonia. Escribí mis afirmaciones positivas acerca de mis calificaciones y las coloqué por toda mi casa.

Unas semanas más tarde, recibí una solicitud en mi contestadora telefónica para dar una charla. Cuando estaba a punto de responder la llamada, escuché una voz interior muy sutil que me decía: *"Ve primero a la biblioteca, siéntate en calma, y establece un esquema de tu charla antes de contestar la llamada."* Seguí mi guía e hice el esquema, luego regresé la llamada. Mi interlocutor me preguntó si podría dar un seminario sobre mercadotecnia. Con mi nuevo esquema al frente mío, fui capaz de explicar con toda seguridad lo que podría hacer, ¡hasta el título del seminario! "Maravilloso," me dijo. "¿Tres horas son suficientes, o desea más tiempo?" De repente, tuve mi primer gran compromiso para un seminario, ¡gracias a que me sintonicé con mi guía Divina!

Durante las siguientes ocho semanas previas a mi seminario, me tomé el tiempo para activar mis chakras y escuchar mi guía Divina. Cada día, los ángeles me dirigían al teclado y comenzaba a escribir. Un día, me pidieron que escribiera de inmediato una biografía de mis antecedentes profesionales. Al día siguiente, una organización que dicta seminarios me llamó para pedirme que les enviara por fax mi biografía y el esquema de mis seminarios. Una semana más tarde, estaban enviando cientos de folletos con esta información. No hubiera podido esperar un minuto más, eso fue exactamente lo mismo que los ángeles me habían dicho.

Uno de mis ángeles guardianes me sugirió que contactara un servicio local de noticias y creara un poco de publicidad. La respuesta inicial del servicio fue: "No nos interesa." Unos cuantos días después, los ángeles me dijeron: *"Vamos a llamarlos de nuevo. Sé amable, pero firme."* Pensé que era una locura, pero de todas maneras lo hice, reconociendo sus necesidades y expresando el beneficio de mi artículo en su periódico. En la mañana del seminario, una de mis vecinas me dijo toda emocionada: "¡Vi tu nombre y tu evento en el periódico de ayer por la mañana! Ese había sido el único día que no había comprado un ejemplar, pero ella me regaló el suyo con gusto. Ahí estaba yo, en la primera página de la sección de negocios.

Cuando dicté el seminario, me sentí muy agradecida porque mi audiencia estaba llena de personas con la energía más elevada. Verdaderamente, nuestra experiencia juntos fue perfecta. Más tarde, el presidente de la organización, escribió: "Podía ver por los rostros radiantes de los asistentes, que lograste verdaderamente tocar sus corazones." Los ángeles me siguen guiando en mi carrera como oradora.

Lucir lo mejor posible

Los ángeles me recuerdan a los entrenadores, siempre ayudándonos para que demos lo mejor de nosotros mismos. Nos preparan en todos los aspectos: intelectual, espiritual, mental y físico. Por ejemplo, mi esposo Michael, se preparaba para salir para su oficina para su día de trabajo. Sabía que no iba a ver clientes esa mañana y sólo que estaría sólo hasta el mediodía, así es había decidido no afeitarse esa mañana, y empacó su afeitadora eléctrica para hacerlo a media mañana en su oficina. Al guardar su afeitadora eléctrica, escuchó una voz que le dijo: *"Lo mejor será que también te lleves el cable eléctrico."* Michael pensó que esto era bastante extraño ya que su afeitadora funciona con batería y él la había recargado hacia poco. Aun así, siguió el consejo de la voz y llevó el cable. Tres horas más tarde, mientras Michael estaba afeitándose al frente del lavamanos de su oficina, las baterías murieron de repente. "Si no hubiera llevado el cable eléctrico, hubiera estado a medio rasurar para mi cita de la tarde," dijo él.

Una palmada en el hombro

Una mujer llamada Patricia me contó esta encantadora historia: "Estuve trabajando afanosamente en un documento muy complejo. Cuando terminé, le dije a mis ángeles en silencio: 'Esto merece algún tipo de alabanza'. Al entregarle mi documento a mi cliente, éste me llamó más tarde y me dijo que estaba completamente impresionado y de verdad me agradeció por mis esfuerzos creativos. Esto venía de un cliente que jamás en su vida había alabado a nadie del equipo de trabajo. ¡Mis ángeles y yo estábamos en el quinto cielo!"

Manejo del estrés

Los ángeles me dicen continuamente: *"Todas las presiones son auto-impuestas."* En otras palabras, el estrés es nuestra propia elección. Nos podemos engañar diciendo que alguien o algo más nos está haciendo que hagamos cosas en contra de nuestra voluntad, pero al fin de cuentas, siempre tenemos la opción y la habilidad de decir que no, aun si las consecuencias son graves al optar por eso. Los ángeles dicen que darnos cuenta que tenemos esta opción nos libera y nos ayuda a desechar el estrés que acompaña la sensación de sentirnos como esclavos prisioneros.

Tenemos más control sobre nuestras vidas diarias del que nos percatamos, esto sucede a menudo porque nunca hemos "probado el agua" para darnos cuenta de cuánta influencia tienen nuestros pensamientos sobre todo lo que nos sucede durante el día. Los ángeles me han enseñado la importancia de programar nuestras intenciones del día a primera hora de la mañana. Decida: "¿Cómo quiero que sea mi día?" y así será.

Por ejemplo, si desea que el teléfono no suene, pídales a sus ángeles que filtren sus llamadas. Las personas que normalmente lo llamarían por cualquier razón, lo pensarán dos veces y llamarán solamente cuando tengan algo importante que decir. De igual manera, si esperamos que el día sea de locos, nuestra intención así lo confirmará.

Mi alumna, Bonnie, descubrió un día este secreto. Bonnie, siendo vendedora, se despertó una mañana y le dijo a sus ángeles: "En realidad me encantaría trabajar hoy desde mi casa." Para su total sorpresa, todas las llamadas que recibió ese día parecían ser guiadas por la Divinidad. Ella recuerda: "Todas las personas que llamaban, pedían citas para la semana siguiente. Me daban el tiempo para atender otras labores que habían esperado por mucho tiempo. Ahora estoy al mando de mis días, en vez de permitir que las circunstancias me dicten mi horario. Ahora termino mis proyectos en vez de dejarlos para después como solía hacerlo, y eso me está quitando un peso de encima."

Sus ángeles pueden hacer el papel de administradores diligentes y asistentes leales y maravillosos. Invite a sus ángeles a que lo ayuden a resolver sus asuntos para que pueda desarrollar ideas nuevas y creativas. Ellos le ayudarán a llegar a tiempo a sus citas y, tal como yo lo he descubierto, a quitar los obstáculos de su camino.

Viajes de negocios

Viajo por avión casi todos los fines de semana, dictando seminarios en una o más ciudades. Viajar con tanta frecuencia sería motivo suficiente para encontrar un gran porcentaje de problemas, pero cuando uno lleva a sus ángeles de viaje consigo, las estadísticas están más a su favor.

Un domingo en la noche, debido a las tormentas alrededor del país, el aeropuerto de Atlanta estaba prácticamente cerrado, cuando miles de viajeros y yo, tratábamos de viajar. La única aerolínea que seguía volando era Delta; todas las demás habían cancelado sus viajes. Así es que todo el mundo se lanzó en picada hacia la terminal de Delta, luchando por conseguir un puesto en el avión.

El avión de Delta que yo había tomado inicialmente para Los Ángeles se había quedado inmóvil en la terminal por media hora. Luego el piloto anunció que debido a problemas mecánicos, el vuelo había sido cancelado y todos tendríamos que salir y tratar de conseguir cupos en otros vuelos.

Regresamos a la terminal en medio de un mar de gente que esperaba en el puesto de salida del vuelo, pidiendo que los dejaran subir al último avión que volaba ese día a California. De nuevo oré y les pedí a los ángeles que me ayudaran a llegar a mi casa. Estaba cansada y tenía clientes que atender al día siguiente. De alguna manera, el gentío me empujó hacia el frente de la fila.

Comencé a hablar con una pareja que estaba delante de mí en la fila. Nos reímos y bromeamos, mientras que advertíamos nerviosamente la cantidad de personas que estaban empujándose hacia el mostrador. Me sentí como en el ojo de un huracán. En ese momento, les llegó el turno a mis nuevos amigos. El agente les dijo: "Me quedan tres puestos en el avión. Todos los puestos son en la parte trasera del avión, pero si los quiere, son suyos."

El agente de boletos me miró, luego miró la pareja y les preguntó: "¿Ella viaja con ustedes también?"

"Sí, ella viene con nosotros," dijo la pareja. Tan pronto me senté cómodamente en el avión, en donde mi silla estaba milagrosamente en el pasillo, les agradecí a Dios, a los ángeles, y a la pareja, por ayudarme con tanto ahínco.

Oraciones a los ángeles

Estas son oraciones muy poderosas para ayudarlos a conectarse con la Divinidad en su vida laboral:

Oración para sanar conflictos laborales

Querido Dios,

Mi deseo más profundo es sentirme feliz mientras trabajo, y te pido Tu ayuda para encontrar la paz en mi trabajo. Por favor, ayúdame a entender y a que me entienda con todas las personas con quienes tengo contacto. Por favor, libérame de todos los miedos que activan conflictos en mis relaciones con las personas con quienes trabajo. Te pido que Tú y los ángeles me guíen hacia las responsabilidades y tareas que concuerden con mis intereses y habilidades. Me visualizo feliz cuando me levanto en la mañana y te pido Tu asistencia para manifestar esta visión. Amén.

Oración para encontrar el propósito de la vida

A todos aquellos que me protegen, me cuidan y velan por mí,

Parece que me he olvidado de mi propósito Divino, y les pido su ayuda para recordar la razón por la cual escogí venir a este mundo en este momento. Estoy dispuesto a liberar todos los miedos que me alejan del propósito de mi vida, incluyendo el temor al éxito y al fracaso. Sé que estoy calificado para cumplir con mi misión, y les pido que sigan guiándome para saber cuál es el sendero que realmente alegra mi vida. Por favor, ayúdenme a reconocer la diferencia entre la dicha y el temor, para poder sumergirme en acciones significativas que ayuden a los demás y les proporcionen dicha y felicidad. Muchas gracias.

Oración por un trabajo nuevo

Amadísimo creador,
  Me has guiado a buscar un nuevo trabajo, y te pido Tu ayuda para advertir las puertas que ahora me abres. Te pido señales claras y evidentes para guiarme hacia un nuevo trabajo en el cual mis talentos e intereses sean usados en formas significativas. Por favor, ayúdame a reconocer que merezco un nuevo y maravilloso trabajo, y desvía todo tipo de nervios durante el proceso de la entrevista. Te pido que me envíes ángeles especiales para aumentar mi seguridad y mi valor, y para que me mantengan centrado en la certeza y la confianza de que Tú me estás enviando todo lo que necesito. Amén.

Oración para sanar el estrés

Querido Dios, Arcángel Rafael y Arcángel Miguel,
  Parece que el estrés realmente me está agobiando y necesito Su ayuda. Por favor, libérenme de todas las presiones que yo mismo me he impuesto. Rafael, te pido que me cubras con tu energía sanadora para que mi cuerpo se recupere de los efectos del estrés. Miguel, te pido que cortes los efectos negativos y los pensamientos de miedo, incluyendo las ataduras que me están agotando. Estoy dispuesto a liberar todos los hábitos de auto-castigo, de tener que hacer las cosas urgentemente, o de otros sistemas de creencias que crean situaciones estresantes. Sé que tengo el tiempo y la energía suficientes, en verdad, y te pido que me ayudes a experimentar que tengo todo lo que necesito ahora mismo. Gracias y amén.

Oración para mejorar los negocios

A mi querido Dios, al Espíritu Santo, a los Maestros Ascendidos y a los ángeles,
Pido para que todo aquel que pueda recibir bendiciones de mis productos y servicios, sea guiado a que me contacte hoy. Le doy la bienvenida a las nuevas personas y oportunidades en mi vida con los brazos abiertos. Estoy dispuesto a liberar cualquier pensamiento, patrón o creencia que me conduzca a sabotear las nuevas oportunidades. Por favor ayúdenme a reconocer que merezco todo lo bueno. Gracias.

Oración para conseguir la paz financiera

Querido Dios,
Yo sé que Tú eres la fuente de todo lo bueno y que Tú me sostienes en todos los aspectos de mi vida. Por favor, ayúdame a liberar todos los miedos que no me permiten recibir Tus dones. Por favor, ayúdame a sentir paz, gratitud y seguridad financiera, y a saber que soy Tu hijo a quien Tú has bendecido de tantas maneras. Permanezco receptivo a tu Divina guía, la cual me dirige hacia las situaciones, las personas y las oportunidades perfectas para cumplir con Tu plan de paz financiera para mí. Ahora me veo, me siento, y veo y siento a todos los demás con total seguridad financiera, y mi corazón se inunda de dicha y gratitud ante la abundancia del universo que Tú has creado. Gracias y amén.

Afirmaciones angélicas

Trabajo con clientes para incrementar su auto-estima, enviándoles ángeles para liberar sus dudas y pidiéndoles que repitan a diario las "afirmaciones angélicas". En el apéndice de este libro, encontrarán muchas de dichas afirmaciones. Pueden usar estas afirmaciones para sanar asuntos relacionados con sus amistades, su vida amorosa y su relación con su ser interior.

Cuando trabajo con personas que se sienten frustradas en sus trabajos, o que no se sienten exitosas en sus profesiones, por lo general descubro que el núcleo del asunto se origina en la falta de auto-estima. Por ejemplo, tuve un cliente que era actor. En el momento de la sesión conmigo, no había logrado conseguir un papel en diez meses. Los ángeles me dijeron que mi cliente no esperaba que lo contrataran y que esa actitud tan negativa afectaba su actuación. Mi cliente se dio cuenta de inmediato de la verdad de esta declaración de los ángeles, y poco después, comenzó a trabajar con afirmaciones y con sus ángeles para que cambiara su actitud y *esperara* que lo contrataran. De inmediato, volvió a ser un actor con trabajo.

Los ángeles desean involucrarse con todas las áreas de nuestra vida laboral. En el siguiente capítulo, encontrará un grupo especial de ángeles que desean ayudarlo a elevar sus niveles de energía así como su ánimo.

CAPÍTULO SEIS

Ángeles en la naturaleza y ángeles de los animales

¿Alguna vez ha notado lo maravillosamente bien que se siente cuando camina al aire libre? Los ángeles de la naturaleza, aquellos que viven entre las plantas y los animales, son responsables en gran parte de los efectos terapéuticos relacionados con la naturaleza al aire libre. Una de las razones por las cuales nos sentimos extraordinariamente bien cuando estamos rodeados de plantas, flores y animales, es porque la naturaleza está llena de ángeles extremadamente poderosos. A menudo nos referimos a ellos como "el reino elemental," los ángeles en la naturaleza son del dominio del reino angelical y pueden ayudarnos rápidamente a sanarnos de cualquier aspecto de nuestras vidas.

Ángeles en la naturaleza — Los elementales

Cada criatura viviente tiene ángeles guardianes, incluyendo las flores, las plantas, los árboles, los pájaros y los animales en general. Hay muchos tipos distintos de seres en el reino de los ángeles en la naturaleza, o reino "elemental". Estos incluyen criaturas consideradas míticas, tales como los duendes, los elfos, los hombrecillos de los árboles y los gnomos.

Cuando activamos nuestra clarividencia, descubrimos que estos seres existen realmente y que no es difícil verlos. Todo lo que tiene que hacer es caminar por un paraje desolado e invocarlos mentalmente. Es importante tener una actitud amable, ya que los elementales sienten temor de los humanos agresivos, manipuladores, ebrios o arrogantes. Les encantan los humanos que están interesados en la preservación ecológica, lo cual es el propósito primario del reino elemental.

Las hadas son los elementales involucrados principalmente con la sanación de los seres humanos. Ellas lucen como Campanita, seres diminutos con forma humana con alas como las de las libélulas. Se posan de flor en flor, simulando luciérnagas con su brillo blanquecino.

He conocido muchas personas que tienen hadas como ángeles guardianes. Estas personas siempre tienen un propósito relacionado con la naturaleza, la ecología o los animales. En el capítulo sobre los ángeles encarnados, leerá sobre los humanos que se *originaron* en realidad del reino elemental.

Las hadas nos ayudan a liberar los pensamientos, las actitudes y las energías negativas que podamos estar absorbiendo por las preocupaciones ajenas o propias. Cuando esté paseando por la naturaleza, pídales mentalmente a las hadas que lo rodeen con su amor y su luz. Ellas lo rodearán y luego extraerán la negatividad de su mente como una abeja recolecta el polen. Las hadas también instilan un sentimiento de alegría que lo inspira a reír y a divertirse, actividades ciertamente terapéuticas.

Puede encontrar hadas en todos los lugares en donde haya plantas o animales. El mayor número de hadas se encuentra alrededor de las flores y de los parajes desolados. Sus plantas en macetas tienen también hadas. Esta es una de las razones por las cuales es saludable tener una planta en una maceta al lado de su cama: Las hadas pueden trabajar con usted mientras duerme, y ayudarlo a que duerma de maravilla con un sueño reposado.

Ángeles de los animales

En muchas maneras, nuestras mascotas son nuestros ángeles en la Tierra. Ellos nos acompañan, nos ofrecen su amor incondicional y nos hacen reír. ¡Qué maravilloso es saber que todos los animales tienen ángeles guardianes! Por eso, cuando usted está con su mascota, no solamente está interactuando con su animal, también está teniendo contacto directo con sus ángeles guardianes.

Una vez me preguntó un entrevistador si los ángeles de los perros lucían como perros con alas. Luego me preguntó si las moscas también tenían ángeles (¡por supuesto que sí!). Los animales tienen hadas como ángeles guardianes. Los animales y los pájaros que viven cerca del agua tienen "sílfides" como ángeles guardianes. Las sílfides son hadas acuáticas, estilizadas, delgadas y transparentes, de un color opalescente. No tienen alas, ya que nadan en vez de volar.

Podemos hablar con los ángeles guardianes de nuestras mascotas y pedirles su ayuda cuando algo nos preocupe respecto a ellas. Los ángeles de nuestras mascotas nos pueden ayudar con todo tipo de asuntos, los cuales van desde problemas de conducta hasta localizar un animal perdido.

Romeo, mi gato, es del tipo Himalaya peludo, con ojos azules y pelaje color crema. Tiene la personalidad más fuerte que yo haya visto en un animal, y todo aquel que lo conoce se enamora de él, de ahí su nombre. De hecho, si uno acerca el rostro a Romeo, él pone su boquita cerca a la suya como si lo fuera a besar.

La mayoría del tiempo, Romeo se comporta muy bien. Claro que nos tiene a mi esposo y a mí como esclavos exigiendo que su plato siempre rebose de comida, obvio que además tiene que ser la marca más exquisita y costosa de comida para gato o si no, ni la prueba. Pero aparte de esta idiosincrasia, Romeo nunca no ha dado un problema... excepto por el día en que se subió al techo de nuestra casa de dos pisos. Como el techo es de tejas y tiene un ángulo empinado, temía que Romeo se resbalara y se hiciera daño. Yo sé que los gatos son muy resistentes a las caídas, pero aun así me preocupaba que Romeo, siendo un gato doméstico que jamás en su vida había tenido garras, pudiera salir corriendo presa del pánico en caso de que se cayera del techo.

Corrí a una ventana adyacente al techo y arranqué de cuajo la tela metálica, tratando de alcanzar mi adorado gato, pero seguía a medio metro de mi alcance, aun con mis brazos extendidos. Demasiado temerosa como para aventurarme en el resbaladizo techo, le imploré en voz alta que viniera hacia mí. Me miró y pestañeo soñoliento, pero no realizó movimiento alguno en mi dirección.

Miré el reloj. Mi esposo y yo teníamos que salir para una cita muy importante. Pero no podíamos dejar a Romeo solo y desamparado en el techo. Finalmente, recordé que había olvidado orar para resolver la situación. Siempre, mis oraciones pasadas han dado como resultado una acción rápida del universo. Pero, algunas veces, en medio de una crisis, se me "olvida" pedir la ayuda espiritual hasta que me doy cuenta de que mis esfuerzos humanos por sí solos, no han sido efectivos.

Se me ocurrió pedirles ayuda a los ángeles guardianes de Romeo. Aunque nunca antes había pensado en que mi gato tenía ángeles, en ese momento, era la solución perfecta. Después de todo, ¿no se supone que todos tenemos ángeles guardianes? ¿Por qué los animales estarían excluidos de este don Divino?

Cerré mis ojos y dirigí mis oraciones a los ángeles guardianes de mi gato: "Por favor, díganle a Romeo que venga hacia mí en la ventana y permítanme agarrarlo y sacarlo del techo." Sentí mucha paz y abrí mis ojos. Me sentí llamada a decirle: "Romeo, ven acá," y esta vez, '¡sí funcionó!

Romeo caminó de inmediato hacia mí y me permitió levantarlo y entrarlo en la casa. Mi gato estaba a salvo en mis brazos, mientras que yo derramaba lágrimas de agradecimiento por la ayuda inmediata que había recibido de sus ángeles guardianes. Todos nosotros, incluso los animales, estamos rodeados de ángeles guardianes que nos ofrecen su amor y su protección.

Protección angelical para nuestras mascotas

Renée, una mujer que había tomado varios de mis cursos de comunicación con los ángeles, descubrió, que sus propios ángeles guardianes estaban protegiendo a su gato. Esta es su historia:

> Tuve una experiencia maravillosa que me encanta compartir con los demás. Como siempre, antes de dormir, hago lo que Doreen sugiere y le pido a Dios que ponga un ángel en cada esquina de la casa para protegernos durante toda la noche. Mi hijo llegó a las dos de la mañana del trabajo. Estaba cansado y se le olvidó confirmar si había cerrado la puerta con cerrojo. Por accidente, dejó la puerta trasera abierta, mejor dicho, totalmente abierta.
>
> En la mañana cuando me desperté, la sala estaba fría, la puerta abierta, y mi gato, que normalmente salía corriendo, estaba rondando hacia un lado y el otro al frente de la puerta. Parecía como si una fuerza invisible le evitara cruzar el umbral hacia el exterior. Mi gato siempre ha vivido dentro de la casa y no sabría sobrevivir en la calle. ¡Les doy gracias a mis ángeles!

Los mejores amigos de los hombres, ahora y siempre

Tal como ocurre con los seres humanos, el alma de nuestras mascotas nunca muere. Sus espíritus se quedan a menudo a nuestro lado, aun después de su muerte. Con frecuencia veo perros y gatos cerca a mis clientes y sé que les están ofreciendo el mismo tipo de amor y compañía que cuando estaban vivos. El dueño podría no advertir la presencia de su mascota fallecida, pero al nivel del alma, sabemos en dónde está nuestro gato o perro. Nos beneficiamos al tener nuestra mascota con nosotros, porque nos añade una capa adicional de "energía amorosa" a nuestro alrededor, como una fosa alrededor de un castillo o un parachoques en un auto.

En una ocasión, después de presentarme una mañana en un programa en la costa este de los Estados Unidos, entré a la sala de espera de las personas que iban a participar en el programa, y vi a un hombre de unos cuarenta y tantos años sentado en un sofá. Había un perro sabueso, tridimensional y a todo color al lado de su hombro derecho, reclinado en una posición ascendente similar a la antigua imagen de la vaca saltando sobre la luna. Por lo general, me reservo mis visiones espirituales para mí, a menos que alguien me pida que las comparta. Pero por alguna razón, en esa ocasión decidí ser impertinente y le pregunté al hombre: "¿Acaba usted de perder a un perro?" Su esposa, quien también se encontraba en la sala, corrió a mi lado a responder mi pregunta.

Resulta que acababa de fallecer su perro que tanto adoraban, y entonces vivimos unos momentos hermosos en familia, ahí mismo en la sala de espera. El perro me mostró escenas en que jugaba con sus dueños y saltaba con su amo por encima de pilas de hojas de otoño de todos los colores. El hombre y su esposa, estaban fascinados recordando tantos momentos emocionantes: "Yo le dije a mi perro, que siempre estaríamos juntos," me dijo el hombre. *Ellos están juntos, realmente lo están*, pensé.

Los elementos y los ángeles en los cristales

Adicionalmente a los elementos y a los animales, la naturaleza nos brinda el "reino mineral" para ayudarnos a sanar. Esto incluye cristales, los cuales tienen la habilidad de amplificar la energía angelical, así como los cristales en los relojes y en los radios amplifican otras formas de energía.

He descubierto que los cristales son una herramienta maravillosa para conectarse con el dominio angelical. Ellos actúan como portavoces al incrementar la fuerza de la señal de comunicaciones y las energías sanadoras que nuestros ángeles nos envían. Muchos de los cristales tienen propiedades que están alineadas particularmente con el dominio angelical, incluyendo:

Cuarzos transparentes — Trate de llevar consigo un cristal de cuarzo transparente en un collar, o sosténgalo en el área entre sus ojos ("el tercer ojo"). Sentirá una sensación similar a escalofríos o a un cambio de presión en el aire, lo cual significa que el cristal está dirigiendo la energía angelical hacia usted como si fuera un prisma.

Cuarzo rosa — Este es un cristal maravilloso para abrir el chakra del corazón, el cual es el centro del amor. Mientras más abra su chakra del corazón, más se abrirá para recibir el torbellino de amor Divino que Dios y los ángeles le están enviando.

Sugilita — Esta maravillosa piedra de color púrpura es llamada a menudo "El cristal del amor" porque provoca un sentimiento maravilloso de amor elevado. Siento que está completamente alineada con la energía del arcángel Miguel. La primera vez que usé un collar con un pendiente de sugilita, estaba dictando una charla en Colorado

Springs. Durante la charla, canalicé un poderoso mensaje del arcángel Miguel, aunque no había planificado hacerlo. La Sugilita es maravillosa para abrir el chakra de la garganta y poder comunicarse más clara y poderosamente.

Amatista — Este hermoso cristal de color púrpura tiene una vibración en extremo elevada, y algunas personas sienten que les hace sentir una "racha de energía" similar a como se siente ingerir cafeína (por esa razón, no todo el mundo puede trabajar con amatistas). Sin embargo, es un cristal poderoso para abrir el chakra de la corona, el cual es la base para la "clariconsciencia," o "la conciencia de la claridad." Le ayuda a recibir claramente mayor información desde la mente Universal de Dios, o el inconsciente colectivo.

Piedra luna — Es una bella piedra en forma de ópalo que le ayuda a incrementar la frecuencia y la tasa vibratoria espiritual. También le ayuda a conectarse con niveles de energías más elevados del reino de los Ángeles. Su color luce como la belleza transparente de los ángeles.

Lapislázuli — Es una piedra de color azul marino y es útil para despertar la clarividencia o la habilidad de ver el mundo no físico y las dimensiones más elevadas.

Espectrolita (también conocida como Labradorita) — Esta preciosa piedra de color azul verdoso me recuerda los colores más profundos de la madreperla. Es maravillosa para elevar las frecuencias de nuestras intuiciones y para apreciar todas las situaciones desde un punto de vista angelical. De esta manera, se puede uno elevar por encima de las creencias personales y ver las cosas desde una perspectiva más elevada.

Oraciones a los ángeles por los animales

A continuación encontramos algunas oraciones que puede usarse con animales. Por favor, ajuste las oraciones a sus circunstancias particulares e incluya el nombre de su mascota.

Oración para sanar a una mascota

Querido Dios,
   Te pido que Tú, el arcángel Rafael y los ángeles de la sanación, rodeen a mi mascota con Su energía de amor sanador. Por favor, ayuden a que mi mascota sienta la paz necesaria para que ocurra la sanación. Por favor, envíanos un milagro, sabiendo que todas las cosas ya están sanas ante Tus ojos. Te pido que me ayudes a sentir la fe y la confianza necesarias para experimentar Tu amor, tanto para mi mascota como para mí ahora mismo. Gracias.

Oración para una mascota perdida

Querido Dios,

Yo sé que nadie ni nada puede en realidad perderse, ya que Tú eres omnipresente y puedes ver todo y a todos. Afirmo que nada se pierde ante los ojos de Dios. Te pido, así como a los arcángeles Miguel y Rafael, ángeles de la naturaleza, y a mis ángeles guardianes, que me ayuden a reunirme con mi mascota ahora mismo. Invoco a los ángeles guardianes de mi mascota para que me envíen una señal para encontrarla. Ahora descanso, sabiendo que Dios, los ángeles y mi ser interior ya se están comunicando con mi mascota. Gracias.

CAPÍTULO SIETE

Los ángeles, la vida después de la muerte y cómo superar el dolor del duelo

Aunque los ángeles saben que nadie muere en realidad, aun así ellos se compadecen de nuestro dolor cuando un ser amado fallece. Los ángeles están aquí para ayudarnos a sanarnos de nuestras penas, mostrándonos algunas veces, señales tales como mariposas, pájaros o nubes en forma de ángeles. En otras ocasiones, nuestros seres queridos que han fallecido nos entregan un mensaje, para que sepamos que están bien. Como en cualquier evento doloroso de nuestras vidas, es importante invitar a nuestros ángeles a que nos ayuden a sanarnos de la pena de perder a un ser querido. Después de todo, tal como lo mencioné anteriormente, nuestros ángeles solo pueden intervenir cuando les damos permiso de hacerlo.

Las personas queridas que han fallecido, a menudo actúan como nuestros ángeles guardianes. Las personas que han fallecido recientemente, están con nosotros por algunos periodos mientras pasan en el otro plano por un proceso similar a la escuela. Siempre están al alcance de nuestras voces, así es que si usted invoca a una persona en especial, ellos vendrán de inmediato a su lado. Nuestros seres queridos que han fallecido nos ayudan en momentos de crisis, y están presentes en nuestras reuniones, en fiestas y celebraciones familiares. Les encanta que reconozcamos su presencia, por eso es bueno que aunque usted no esté seguro si lo siente a su lado o no, le diga de todas maneras: "Hola, te amo."

Nuestros seres queridos que han fallecido, vienen a nuestros sueños para traernos mensajes de sanación de los ángeles. Estos sueños son más grandes que la vida real, con colores vívidos y emociones intensas. Usted *sabe* que son experiencias reales, pero su ser inferior puede tratar de convencerlo de que todo fue producto de su imaginación. No lo fue. Los ángeles y nuestros seres queridos que han fallecido, vienen a nuestros sueños con mensajes de sanación, porque saben que en esos momentos estamos totalmente dispuestos a recibir su guía.

Una despedida

Michelle Mordoh Gross, desde España, me relató esta conmovedora historia acerca de la manera en que un ángel le ayudó a decir "adiós" a su madre que agonizaba:

> Me senté a los pies del lecho de mi madre, tratando desesperadamente de consolarla, hablándole sobre la vida después de la muerte y diciéndole cuánto la amaba. Los doctores no entendían por qué ella se aferraba a la

vida con tanto ahínco y durante tanto tiempo. Pero yo *sí* lo sabía. Ella quería aguantar y quedarse conmigo el máximo tiempo posible, al máximo de sus fuerzas, mientras yo estuviera a su lado.

De repente, me di cuenta que yo ya no podía ayudarla más. Al contrario, involuntariamente le estaba impidiendo partir. Fue una revelación brutal; sin embargo, tomé la decisión más difícil de mi vida. Tuve que irme para dejarla libre para partir.

Visualicé que la dejaba al cuidado de un ángel. Yo sabía que estábamos pasando nuestros últimos momentos juntas, cuando sentí que su mano perdía fuerzas al aferrarse a la mía. Al momento de partir, con el corazón roto, pero hablando en voz muy queda, le conté acerca del ángel que se estaba quedando en mi lugar. Le describí el ángel más hermoso que nadie haya visto jamás. Le dije que el ángel la acompañaría, como una luz en la oscuridad. La protegería, la guiaría y la sostendría. Le pedí que no tuviera miedo, que tan solo confiara.

Las lágrimas caían a chorros por mi rostro, mientras ella, ya incapaz de hablar, apretaba mi mano trasmitiendo su aceptación. Besé su mano, agradeciendo por haber sido el nexo que Dios había escogido para mí entre el cielo y la Tierra. Y luego partí.

Eran las cinco de la tarde, unas pocas horas más tarde, cuando iba en un avión camino de regreso a mi hogar. De repente, abrí los ojos al despertarme de una siesta y miré por la ventana. El cielo estaba azul brillante, sin una sola nube, a excepción de una sola de color amarillo y naranja justo ante mis ojos. Tenía la forma del hermoso ángel que yo había imaginado para mi madre, ¡con todo y alas! Sus armas, extendidas ante mí, estaban sosteniendo otra nube en forma de persona, tal como una madre sostiene a su hijo que duerme. Además, bajo la nube en forma de persona había otra nube en forma de cama. En ese momento, supe que mi madre estaba en camino hacia su hogar en el cielo.

Dos horas más tarde, llegué a casa, totalmente segura de que el teléfono iba a sonar, ¡y así fue! La enfermera del hospital me dio la noticia que yo ya sabía. Mi mamá había fallecido a las cinco de la tarde de ese día. Mi madre está ahora segura, sin miedo, enfermedad ni dolor.

Durante nuestra última conversación, mi madre me había preguntado: "¿Cuándo vendrán *ellos* por mí?"

"Cuándo estés lista, ese es el mejor momento," respondí. Entonces ella me prometió enviarme un arco iris si lo que yo creía era también cierto para ella. Y, créanlo o no, ocho meses más tarde, no ha pasado un solo día en que no vea un hermoso, brillante y radiante arco iris en mi vida.

Parientes en el otro plano

Muchos de los ángeles que nos ayudan son en realidad personas queridas que han fallecido. Ellos nos son asignados permanentemente como "guías espirituales" o están con nosotros temporalmente durante encrucijadas o crisis en nuestras vidas. Entre los momentos más felices de mis sesiones, están las reuniones familiares, en donde mis clientes se dan cuenta que un ser querido que ha fallecido, aún esta con ellos.

Doreen: *Tu naturaleza cariñosa y generosa ha atraído muchos seres del otro plano que están aquí para ayudarte.*

Tienes a tu lado dos figuras femeninas de personas que han fallecido. Una de ellas es una mujer que tiene el cabello teñido, es robusta y su rostro es redondo, y no era una anciana en el momento de su muerte, posiblemente tenía unos sesenta y tantos años. Luce como perteneciente a una raza extranjera con la piel oscura.

Abby: ¡Oh!, debe ser mi abuela paterna. Es verdad que se teñía el cabello, tenía la cara redonda y era medio voluptuosa. La estás describiendo exactamente como era.

Doreen: Sí, ella está contigo.

Abby: ¡Es en verdad maravilloso! Éramos muy unidas cuando estaba viva y la extrañé mucho cuando murió.

Doreen: También veo un hombre que parece ser tu abuelo. Luce como un trabajador de construcción. Es alto y grande, y pertenece a la rama materna de tu familia.

Abby: Quizás es mi abuelo a quien realmente llegué a conocer, ¿mi abuelo materno?

Doreen: Es atractivo, tiene el cabello blanco, parecido a Bob Barker.

Abby: ¡Sí, claro, es él! Tengo la piel de gallina, me había olvidado de él pero ¡me alegro mucho de saber que está aquí conmigo!

Doreen: Está contigo ahora mismo. ¿Alguna vez perdiste un perro color café? ¿Por qué hay un perro así rondando a tu lado?

Abby: Sí, es mi perrita Figi, ¡la perdí hace dos meses! ¡Oh, está conmigo!

Doreen: Sí, está contigo ahora mismo, actuando como ángel.

❧   ❧   ❧

Abby estaba fascinada con la idea de saber que sus personas favoritas y su perrita estaban a su lado. Cuando comprendió que esos eran sus ángeles, comenzó a conversar mentalmente con ellos con frecuencia. Abby les pide ayuda a menudo a sus abuelos, y me ha informado que se siente muy agradecida con su ayuda.

Conversaciones sanadoras del más allá

También es muy significativo para mí cuando las personas queridas que han fallecido de mis clientes, les envían mensajes para tratar de sanar o de mejorar sus relaciones aun después de sus muertes. Esta es una de las formas en que ellos funcionan como ángeles para ayudarnos a aliviar el dolor o la culpa. En el siguiente caso, vemos como la hermana fallecida de mi cliente acudió para resolver un caso inconcluso. Cuando tenemos conversaciones con seres queridos que han fallecido, les ayudamos a aliviar sus almas y de paso traemos paz a las nuestras.

Doreen: Hay una mujer contigo que murió siendo no muy mayor.

Ruth: Podría ser mi hermana.

Doreen: ¿Tenía el cabello más oscuro?

Ruth: Sí.

Doreen: Bien, entonces es ella. Luce y se siente como tu hermana. Parece que hubiera muerto a los cincuenta y tantos años.

Ruth: Tenía cincuenta y dos.

Doreen: Entonces es ella con seguridad. Se ve muy saludable, te lo aseguro. Su rostro se ve pleno y no siente ningún dolor. Te pide disculpas porque siente que te estaba absorbiendo demasiado al final de su vida.

Ruth: ¡Oh, qué dulce de su parte decirme eso!, pero en realidad, a mí no me molestó para nada ocuparme de ella.

Doreen: Bueno, en todo caso ella sentía que tenía que decírtelo porque eso la ha molestado desde que murió. Tu hermana dice que se sentía inútil e impotente y que tú sabes que ella no se hubiera impuesto, a menos que fuera totalmente necesario.

Ruth: Por favor, dile que fue un gusto para mí estar con ella durante los meses finales.

Doreen: Ella te puede escuchar, Ruth, y está asintiendo con la cabeza en gratitud ante tus palabras.

Ruth: Te amo hermanita, ¡siempre te amaré!

ॐ   ॐ   ॐ

Mi clienta Karla también recibió un mensaje del otro lado que logró aliviarla de la culpa que llevaba consigo durante cinco años:

Karla: Mi madre murió hace cinco años. En esa época, yo era una drogadicta. En el momento de su muerte, me preguntó si todavía usaba drogas y lo negué. Le mentí. Desde ese día me siento culpable por haberle mentido. Tan solo lo hice porque no quería que sufriera más de lo que ya sufría por su propia enfermedad. Mi pregunta es: ¿Sabe ella que le mentí? Si lo sabe, ¿me ha perdonado? Ahora estoy en recuperación, hace cuatro años, ocho meses y ocho días que no consumo ninguna droga. Sin embargo, esto sigue molestándome *mucho*.

Doreen: Por favor, descansa tu conciencia, querida. Tu madre sabe que se lo dijiste porque la amabas y que tan solo tratabas de ahorrarle más dolor y sufrimiento. Ella no te juzga de ninguna manera, ¡al contrario! Te bendice por todo tu cariño.

Desde poco tiempo después de su muerte, ella te ha ayudado a que te mantengas alejada de las drogas. Te sigue cuidando con su amor incondicional, al igual que lo hacen tu abuelita y tus dos ángeles guardianes.

Sanar las relaciones con
los seres queridos que han fallecido

Nuestras relaciones con nuestros seres queridos que han fallecido, no terminan con su muerte. La relación apenas cambia de nivel. Siendo yo psicoterapeuta y médium clarividente, les ayudo a mis clientes a que mantengan buenas relaciones con sus seres queridos del otro lado. Las buenas relaciones post-mortem son importantes para las almas de los dos lados del velo de la muerte.

Los sobrevivientes en su duelo, tienen una mezcla de emociones con las cuales deben lidiar después de la muerte del ser querido. La persona que sobrevive, probablemente siente mucha tristeza, soledad y confusión. Hay sentimientos que son propios de las personas que acaban de pasar por la muerte de un amigo o de un miembro de la familia. Sin embargo, los sobrevivientes a veces sienten ira o una sensación de traición de parte del ser fallecido. Estos sentimientos son difíciles de manejar ya que la mayoría de los sobrevivientes no admiten su ira hacia alguien que ha fallecido. No se supone que sea "correcto" sentir rencor hacia alguien que ya ha partido.

Sin embargo, admitir estos sentimientos completamente normales, es una parte importante del proceso de sanación de una pérdida. Después de todo, nuestros seres queridos que han fallecido están totalmente al tanto de cómo nos sentimos y pensamos acerca de ellos. No podemos esconder nada de una persona que está del otro lado del velo. Tan solo podemos esconder los sentimientos de nosotros mismos, pero a expensas de nuestra propia paz mental. Cuando negamos nuestros verdaderos sentimientos, bloqueamos nuestra felicidad y también el progreso espiritual del ser que ha fallecido.

Mi clienta Laura, por ejemplo, estaba muy enojada con su padre por no haberse cuidado lo suficiente. El padre de Laura murió después de sufrir una larga enfermedad, y ella estaba furiosa con él por su estilo de vida poco saludable, fumando y tomando, lo cual había contribuido a su muerte. Al mismo tiempo, Laura se reprochaba por sentir ira hacia su padre. Sentía que debía "tener más respeto por los muertos."

Durante nuestra primera sesión, el padre de Laura vino del otro lado y le pidió perdón. Explicó que estaba muy preocupado porque la profunda preocupación de Laura lo mantenía atado al plano terrenal. Esto es algo muy común: Cuando estamos demasiado perturbados por la muerte de un ser querido, esa persona se queda a nuestro lado para asegurarse de que estamos bien. No obstante, a menos que esa persona tenga la misión de ser nuestro guía espiritual, al pasar demasiado tiempo con nosotros, estamos obstaculizando su progreso. El padre de Laura deseaba llegar al mundo espiritual para poder participar en actividades más productivas para su crecimiento, pero primero deseaba pedirle permiso a su hija para dejarla.

Otra clienta, Maryann, sentía un profundo rencor hacia su padre fallecido por el abuso infligido por él hacia ella cuando era una niña. Durante nuestra sesión, el padre de Maryann vino y expresó su profundo arrepentimiento por haberle hecho daño. También le pidió perdón.

Mientras Maryann sollozaba de pena inconsolablemente por haber sido víctima del abuso y por la muerte de su padre, su abuelo paterno apareció de repente. Su abuelo le explicó que él había sido en gran parte responsable del abuso del que Maryann había sido víctima durante su infancia. Dijo que él había castigado físicamente con severidad a su padre cuando era un niño. Este abuso infantil había incitado al padre de Maryann a convertirse a su vez en un abusador al crecer y convertirse en un adulto. Su abuelo le suplicó que los perdonara tanto a él como a su padre. Le explicó que al perdonarlos a los dos, Maryann se aliviaría de la trampa en que se encontraba debido a su ira y a su rencor.

Tanto Laura como Maryann deseaban perdonar a sus padres fallecidos, pero desear perdonar y perdonar desde el corazón, son dos procesos distintos. Mis dos clientas tuvieron varias sesiones terapéuticas conmigo antes de que lograran verdaderamente liberar por completo su ira y su rencor.

Laura logró finalmente ver los hábitos poco saludables de sus padres como la manera en que él lidiaba con una carrera poco satisfactoria. Pudo sentir compasión por él por haberse quedado estancado en un trabajo que no deseaba, y este punto de vista la ayudó a liberar su resentimiento y a perdonarlo. Mi otra clienta, Maryann, perdonó a su padre y a su abuelo después de decirme: "Perdono a mi padre y a mi abuelo, pero no perdono sus actos." Esta es una forma de liberarse de la ira que la consumía por años. Después de todo, lo más importante es perdonar a las personas y no a sus actos.

Nos hacemos mucho bien y se los hacemos a nuestras personas queridas que han fallecido, cuando admitimos abiertamente y trabajamos para superar todas nuestras emociones relacionadas con el duelo. Un método productivo, es escribir una carta muy honesta a nuestro ser querido que ha fallecido. Al escribirla, no edite o censure en lo más mínimo sus sentimientos. Recuerde, su ser querido ya sabe todo lo que siente acerca de él o ella. Su ser querido no lo juzga por sus sentimientos negativos; tan solo desea que tenga paz y que sienta la felicidad que se deriva de la honestidad personal y del perdón.

Sus relaciones con sus seres amados del más allá pueden ser maravillosamente satisfactorias. Muchos de mis clientes me dicen que las relaciones post-mortem con sus seres queridos, son más cercanas y honestas que antes de su muerte. La muerte no significa que se acaba el amor compartido con esa persona. Recuerde: ¡el amor nunca muere!

 cb   cb   cb

Esta es una oración para ayudarle a sanar la pena y para sentir el consuelo que su ser querido y Dios desean para usted. Por favor, cambie las palabras que tenga que cambiar para que salga de su corazón y se ajuste a su situación particular.

Oración a los ángeles para sanar el dolor por la muerte de un ser querido

Querido Dios,

Yo sé que el ser amado que ha fallecido está en el hogar contigo. Te pido que lo cuides para que se sienta edificado por Tu amor. Por favor, envíale ángeles adicionales para que se sienta de maravilla y feliz ajustándose a su nueva vida en el cielo. Por favor, envíame ángeles adicionales para que me ayuden en mi pena y en mi tristeza. Ayúdame a sanar mis sentimientos de pesadumbre para que pueda retornar a la vida que sé que mi ser querido desea para mí. Por favor, envíame una señal del cielo para que sepa que mi ser querido está en Tus manos. Amén.

cb cꝸb cb

CAPÍTULO OCHO

Cómo nos ayudan los ángeles en el mundo material

A menudo me preguntan si es correcto pedirles a los ángeles ayuda con los asuntos materiales. "¿Está bien pedirles que me ayuden a conseguir un sitio perfecto para estacionarme?" "¿Estoy haciéndoles perder su tiempo pidiéndoles que me ayuden con algo que podría hacer yo mismo con facilidad?" y "Quizás Dios se puede ofender si Le pido cosas materiales o triviales." Estas son algunas de las preocupaciones que escucho comúnmente, expresándome miedos que nos impiden buscar ayuda.

Los ángeles me han dicho en repetidas ocasiones: *"No nos importa de qué trata el pedido."* Dios y los ángeles no deciden guiándose por un "orden de prioridades", como lo hacen los doctores que tienen que juzgar cuál persona tiene las necesidades más urgentes. Primero que todo, Dios y los ángeles no tienen limitaciones de tiempo o espacio, y por eso son capaces de ayudar a todo el mundo a la vez.

También es la voluntad de Dios que los ángeles nos ayuden a satisfacer nuestro propósito más elevado. Dios y los ángeles saben que si nuestras mentes y nuestras actividades están ocupadas con preocupaciones, angustias y miedos relacionados con las cosas materiales, no tendremos la energía para cumplir con nuestro propósito. No se trata de que los ángeles nos ayuden a conseguir el estilo de vida de los ricos y famosos; tan solo quieren aquietar nuestra mente para hacernos sentir libres.

Ellos también saben que a veces usamos las cosas materiales como una técnica para perder el tiempo, la cual llamo táctica de retraso. Esto significa cualquier actividad que desvíe su atención de su verdadero propósito.

De esta manera, los ángeles se lanzan en picada para atender sus plegarias sobre nuestras preocupaciones excesivas por los bienes y los asuntos materiales. Por favor, no malinterprete estas palabras. Ellos no nos rescatan cuando hemos sido irresponsables. Si así fuera el caso, no creceríamos ni maduraríamos. Lo que Dios y los ángeles quieren que sepamos es que: *"Si necesitas algo, por favor no dudes en invocar nuestra ayuda. Entréganos cualquier situación que esté ocasionándote molestias o haciendo que pierdas tu paz interna. Te prometemos que te consolaremos y haremos de tal manera que el mundo material te apoye en tu ambiente presente. Déjanos a nosotros la tarea de llevarte a tu hogar."* Por hogar se refieren al cielo en la Tierra, nuestro estado natural, en donde tenemos todas las cosas materiales que necesitamos en orden Divino, mientras que nos enfocamos exclusivamente en el mundo de nuestros talentos e intereses naturales.

Nos facilitan las cosas

Al trabajar con los ángeles, una de las primeras "tareas" que podrían asignarles, es que pongan en orden su hogar, su oficina o su automóvil. Los ángeles dicen que nuestras posesiones nos agobian de tal manera que nos enfocamos en tejer más cosas materiales, y luego en protegerlas.

Si ha sentido últimamente que es hora de donar o de desechar algunas cosas, considere entonces este párrafo: Desde un punto de vista energético, el medio ambiente de su hogar y de su trabajo se sentirá mucho más limpio y eficiente si no tiene objetos excesivos.

Una buena norma es salir de todas las cosas que no hemos usado en los dos últimos años. La mayoría de los hogares para las víctimas de la violencia doméstica y para los desamparados estarán muy felices de recibir todas las cosas que ya no desea. Se sentirá muy bien si programa un sábado en la tarde como su día para la gran limpieza.

Al donar estos artículos, estará invocando de inmediato la Ley Espiritual de dar y recibir. Esto significa que le llegarán cosas nuevas, y que será luego capaz de discernir si está reemplazando desorden viejo por desorden nuevo. Una idea fantástica es mantener la circulación donando algo cada día.

La energía de sus posesiones

Una vez que haya salido de todas esas cosas que ya no desea, se sentirá mucho más ligero y organizado. Los ángeles le ayudarán enseguida a limpiar la energía de la habitación a través de un proceso conocido, obviamente, como "limpieza total."

Las fotografías Kirlian muestran que los objetos materiales son afectados por los pensamientos de los seres humanos en su vecindad. Una serie de fascinantes fotografías muestran una moneda sostenida por una persona teniendo pensamientos que cambiaban deliberadamente sus emociones. La moneda fue fotografiada después de que la persona tuvo sentimientos de ira. Luego, la misma moneda fue fotografiada cuando la persona mantenía pensamientos amorosos. La siguiente fotografía capturaba la moneda después de que la persona tuvo pensamientos de temor. Cada fotografía muestra un cambio significativo en tamaño, forma y color del "aura" o campo de energía alrededor de la moneda.

La fotografía Kirlian es controversial, y los científicos no pueden ponerse de acuerdo exactamente en "qué" es lo que la cámara está capturando. No obstante, estas fotos muestran en efecto, un cambio significativo que se lleva a cabo según los pensamientos de la persona que sostiene la moneda.

Los objetos en realidad tienden a mantener la huella de los pensamientos y sentimientos dominantes de su dueño. Esta es una de las razones por las cuales nunca compro objetos de tiendas que han tenido que cerrar debido a una desgracia. Sé que los objetos mantienen la energía del dolor emocional del dueño, así como de sus creencias respectos a las finanzas. Prefiero pagar el precio máximo de un objeto que tenga el optimismo del dueño de un negocio próspero.

Psicometría

Cuando les enseño a las personas a realizar sesiones con los ángeles, comienzo con frecuencia por pedirle a dos personas que se sienten una al frente de la otra en dos sillas. Luego les pido a sus parejas que intercambien objetos metálicos tales como un anillo o un reloj. Al mantener el objeto metálico de una persona, se perciben impresiones y mensajes más fácilmente de parte de sus ángeles guardianes. Llamamos a este método "psicometría."

Puede tratar esto por sí mismo al mantener las llaves, el reloj o el anillo de alguna persona con la mano con la cual normalmente usted no escribe. Esta es su "mano receptora," al absorber energía. La mano con la cual escribe normalmente es su "mano emisora," la cual entrega la energía. Entonces, al sostener el objeto en su mano receptora, cierre sus ojos y respire profundamente varias veces. Mantenga la intención de comunicarse con los ángeles guardianes y también con los ángeles guardianes de la otra persona. Hágale a su ángel preguntas tales como: "¿Qué quisieras comunicarme acerca de (diga el nombre de la persona)?" o "¿Qué mensaje desearías entregarme para (nombre)?" o puede hacer una pregunta más específica.

Luego, inhale profundamente y advierta cualquier impresión que le llegue en forma de sentimiento, imagen mental, pensamiento o palabra. Si la otra persona está a su lado, comience diciéndole todas las impresiones que percibe. Mientras habla, recibirá más mensajes. Este es un método básico de transmitir una lectura con los ángeles, el cual pueden hacer la mayoría de las personas con éxito desde la primera o la segunda vez.

Limpiar su espacio

Así como los objetos dicen mucho de nosotros, también lo hace el ambiente en el cual vivimos, trabajamos y conducimos. Las paredes, los pisos y los muebles, mantienen la energía de nuestros pensamientos dominantes. Por esa razón, si nosotros, o los miembros de nuestra familia somos por lo general pacíficos, nuestro hogar reflejará esa paz. Será como un santuario que todo el mundo percibirá y disfrutará.

Sin embargo, si usted o las personas con las que convive, han participado en peleas o están preocupados, la energía del hogar retendrá los rezagos de esos problemas. Así como los muebles, las paredes y las alfombras retienen el olor a humo, de igual manera, estos objetos absorberán el estrés psíquico.

Por eso es que su hogar, su oficina o su vehículo pueden retener las huellas de energía de todos aquellos que han estado en ellos. Por ejemplo, su hogar puede retener la energía negativa de alguien que ha vivido ahí antes de usted. Afortunadamente, usted puede limpiar su residencia o su vehículo y los ángeles lo ayudarán a hacerlo.

Aquí vemos algunas formas de limpiar cualquier espacio, ya sea el hogar, el automóvil, una tienda u oficina:

1. Pinte las paredes.

2. Reemplace las alfombras.

3. Lave las alfombras.

4. Queme salvia (la salvia se consigue como incienso o en forma de manojo en cualquier tienda

metafísica). Sostenga el manojo o el incienso de salvia y camine por todas partes hasta que el humo se distribuya por todas partes.

5. Coloque un recipiente con agua salada o frote alcohol en medio de cada habitación que desee limpiar.

6. Coloque un cristal de cuarzo en medio de la habitación que desea limpiar. Asegúrese primero de limpiar el cristal de viejas energías, colocándolo directamente a la luz del sol o de la luna durante por lo menos cuatro horas.

7. Pídale al arcángel Miguel y a sus asistentes, conocidos como "el grupo de los misericordiosos," que entren y rodeen su ambiente. Miguel y los ángeles alejarán todas las energías negativas de su hogar, de su oficina, de su tienda o de su vehículo.

Manifestar un hogar

Si desea un nuevo hogar, los ángeles pueden ayudarlo a encontrar su residencia perfecta. También le abren las puertas para suavizar el camino para que pueda mudarse con facilidad. Los ángeles me han enseñado que debemos liberar las dudas típicas de los humanos que dicen: "Bueno, es que no es posible porque no es lógico." Los ángeles van más allá de la lógica humana a un lugar en donde todas las cosas son posibles.

Una pareja procedente del estado de Virginia, llamados Martha y Stan, descubrieron los milagros que eran posibles cuando uno abandona la duda:

Martha y Stan, llevaban casados diez años, y deseaban con ardor su propio hogar. Martha era una mujer de mucha fe, oraba cada noche y les pedía a Dios y a Jesús que la ayudaran a ella y a su esposo a encontrar una residencia que pudieran llenar con amor y que también estuviera al alcance de sus posibilidades económicas. Una tarde, soñó claramente que visitaba una casa antigua con el carácter típico de las abuelas, cortinas de encaje, pisos de madera y en el baño del segundo piso, había un hermoso lavabo con una rosa dorada pintada sobre el acabado de cerámica. Martha recuerda que en su sueño se sentía por completo como si estuviera en su hogar y supo que ahí era en donde deseaba vivir.

El sueño fue tan hermoso y vívido que Martha se lo describió en detalle a Stan a la mañana siguiente. La pareja asumió el sueño como una señal de que era hora de comenzar a buscar su casa. Entonces llamaron a un agente de bienes raíces y comenzaron a buscar un hogar. Dos semanas más tarde, mientras los tres veían una casa, Martha se quedó sin aliento y le susurró al oído a Stan: "¡Creo que ésta es la casa con la que soñé!" Martha sentía una familiaridad sorprendente y a Stan se le puso la piel de gallina de solo pensarlo.

Cuando la pareja llegó al baño del segundo piso, descubrieron sorprendidos el detalle que Martha había descrito de manera tan vívida: una rosa dorada pintada sobre el lavabo en cerámica. "¡Ésta es!" exclamaron en coro y le pidieron al agente que hiciera una oferta por la casa en su nombre.

El propietario aceptó la oferta y la pareja comenzó los trámites del préstamo. Sin embargo, el día siguiente de haber solicitado el préstamo, Stan fue despedido de su trabajo. Como Martha no trabajaba, la pareja fue rechazada inicialmente. "¿Cómo podríamos calificar para un préstamo sin una fuente de ingresos?" se preguntaban. Entonces comenzaron a orar pidiendo ayuda y pusieron todo en manos de Dios, diciendo: "Si es la voluntad de Dios, tendremos nuestra casa."

Al cabo de dos días, Stan fue contratado como vendedor con sueldo por comisiones. La pareja le informó de inmediato a la agente de su banco, quien exclamó malhumorada: "Puesto que Stan no muestra precedentes como vendedor, dudo mucho que este préstamo sea aprobado. Nunca he visto a mi gerente de créditos aprobar un préstamo a menos que tengan una fuente fija de ingresos."

La agente estaba pensando a nivel humano y probablemente no estaba al tanto de la influencia que las oraciones tienen en situaciones tales como la compra de una casa. Estaba totalmente asombrada cuando al día siguiente llamó a Stan y a Martha y les dijo: "No lo puedo creer ¡Aprobaron su crédito!" La pareja se abrazó de gozo. Luego se mudaron llenos de felicidad a su nuevo hogar con el lavabo pintado con una rosa dorada.

ॐ ॐ ॐ

A través de mis años entrevistando personas con relación a la intervención Divina, este tipo de eventos es casi común en mis archivos. He hablado con docenas, quizás cientos de personas que han pedido ayuda espiritual para vender sus casas, localizar una nueva casa, obtener un préstamo, lograr pagar su renta o su hipoteca y poder mudarse. Sus historias son consistentes: Si uno pide ayuda, la recibe en forma milagrosa.

De compras con los ángeles

Los ángeles intervienen en nuestro mundo material con mucha alegría. Nunca debemos temer pedirles ayuda, o preocuparnos porque nuestra solicitud sea demasiado trivial o de poca importancia. Debemos recordar que los ángeles están aquí para aliviar nuestra senda, para que podamos brillar con libertad la luz Divina. Todos sabemos que brillamos con más luz los días en que todo nos sale bien. Nos sentimos más elevados, sonreímos con más ganas y somos más optimistas cuando todo va "sobre ruedas." Estos también son los días en que inspiramos a los demás para que también busquen su estrella. Por eso es que nunca debemos dudar de pedirle ayuda al cielo para que tengamos más a menudo días así.

A los ángeles les encanta abrirnos las puertas. Podemos pedirles ayuda para localizar cosas que necesitamos, y luego "escuchar" su guía, la cual siempre sigue a una solicitud de ayuda. La guía puede venir en forma de pensamiento, visión, sentimiento o palabras.

Una decoradora de interiores me contó cómo los ángeles le ayudaron a localizar un artículo que su cliente deseaba para su hogar:

Una de mis clientes deseaba algunos accesorios para decorar una habitación recién diseñada. Había estado buscando una lámpara de alabastro, uno de los objetos que ella deseaba con más ardor, durante cuatro meses. De camino a una tienda de antigüedades, invoqué a los ángeles para que me llevaran a encontrar justamente lo que necesitaba y deseaba. Momentos más tarde, encontramos no solo una, sino dos lámparas de alabastro, además de unas mesitas de noche y otros accesorios que habían sido difíciles de encontrar. Fue fácil, divertido y rápido ir de compras con los ángeles.

Una conocida llamada Gail Wiggs tuvo una experiencia similar. Cada primavera y otoño, Gail asistían a una feria de artesanías en Fénix. Siempre buscaba camisetas típicas de la feria, las cuales tenían al frente una original y hermosa pintura sobre seda. En el otoño, compraba la camiseta de mangas largas. Sin embargo, estas camisetas eran en extremo apetecidas y se agotaban rápidamente. Por esa razón, para Gail era muy importante ir temprano a la feria para asegurarse de que todavía había camisetas en existencia. Sin embargo, el otoño anterior, sus muchas ocupaciones le impidieron llegar a la feria hasta ya avanzada la hora de apertura. Les pidió a sus ángeles que se aseguraran de que todavía podría conseguir su camisa de manga larga.

Ya era por la tarde cuando Gail tomó un autobús para la feria. El autobús se detuvo en una entrada desconocida y el chofer anunció que esa era la última parada. Gail entró a la feria por este lugar, un lugar distinto al que ella solía usar para entrar, pero tan pronto lo hizo, encontró un kiosco de información con las camisetas justo al frente.

Quedaba una camiseta de manga larga, tamaño grande, la cual Gail compró de inmediato. Ella revisó todos los demás kioscos de información de toda la feria y descubrió rápidamente que no quedaban camisetas de manga larga. Gail le dio las gracias a sus ángeles y durante los dos meses siguientes, recibió mensajes poderosos de que debía comenzar una compañía de camisetas con ángeles. Gail acaba de comenzar su negocio y siente una profunda alegría de poder comerciar artículos que le han traído tanta dicha en el pasado.

¡Tenga cuidado con lo que pide!

Mi esposo Michael y yo estábamos en el aeropuerto, caminando en el área de equipajes buscando nuestras cuatro maletas grandes, llenas con artículos para nuestro seminario del fin de semana. Era un viernes en la noche y teníamos hambre.

Le dije a Michael: "Pidámosle a Rafael, el arcángel de los sanadores y de los viajeros que nos ayude a que nuestras maletas salgan lo más rápidamente posible tan pronto salgamos nosotros." Luego dudé, porque sé la importancia de tener cuidado con lo que uno pide y de saber exactamente cómo hacer la solicitud. Así es que cambié los términos de mi solicitud a Rafael: "No me refiero a que las maletas salgan tan rápido que se caigan por todos lados. Tan solo te pido, por favor, que las pongas en el carrusel de inmediato."

Pensé que estaba siendo bastante precisa, pero los ángeles me enseñaron cómo ellos toman nuestras solicitudes literalmente. Al alejarme del carrusel para rentar un carrito para el equipaje, escuché la voz de Michael pidiéndome ayuda. Me di la vuelta y vi las cuatro maletas saliendo al tiempo por el orificio del equipaje. Desafortunadamente, las cuatro venían al tiempo y Michael no pudo atraparlas todas al tiempo. Así es que tuvimos que esperar a que las maletas dieran toda la vuelta por el gigantesco carrusel del aeropuerto internacional. Los dos nos reímos al pensar en lo mismo: "¡La próxima vez tendríamos más cuidado con lo que pediríamos!"

Los ángeles reparan artículos mecánicos

Solía observar a mi madre cada vez que nuestro automóvil familiar se varaba. Increíblemente, el motor siempre arrancaba luego de sus oraciones afirmativas. Desde entonces, siempre he pedido la intervención Divina para los aparatos mecánicos y electrónicos.

En particular, el arcángel Miguel es maravilloso reparando máquinas de fax, lavadoras de ropa y otros aparatos mecánicos. Lo he invocado cuando mi computadora comienza a fallar de manera imprevista y me ha resuelto la situación de inmediato.

Una consejera espiritual llamada Johanna Vandenberg obtuvo un resultado positivo similar en una ocasión en que le pidió a Miguel que la ayudara con un asunto de plomería:

> La madre de mi ahijado me había pedido que le cambiara el filtro del agua pues ella estaba demasiado ocupada. Mientras estaba sola en su apartamento, traté de realizar la tarea. Parecía algo sencillo: un filtro cóncavo encima del lavaplatos, tan solo tenía que destornillar el tapón, colocar un nuevo cartucho, y poner de nuevo el tapón. Sin embargo, no lograba quitar el tapón, ¡estaba atorado!
>
> Después de 45 minutos, logré aflojarlo finalmente, coloqué un nuevo cartucho y atornillé el tapón. Luego abrí la llave del agua, ya que debía dejarse correr durante 15 minutos antes de usarla. Pero el agua comenzó a chorrear a través del tapón del filtro. Quité el tapón y lo coloqué de nuevo, el agua seguía chorreando, una y otra vez, hasta que comencé a maldecir mi suerte. La familia

iba a llegar muy pronto y sentía la presión de tener todo reparado antes de que regresaran.

En este momento de desesperación, de repente levanté mis brazos al cielo y clamé: "San Miguel y Rafael, ¡por favor ayúdenme con este filtro de agua!" Quité el tapón, lo puse de nuevo, abrí la llave del agua, ¡funcionó perfectamente! ¡Todo se arregló en menos de 90 segundos! Unos días más tarde, recibí una llamada de la mamá de mi ahijado agradeciéndome profundamente. También me dijo que el agua del filtro salía ahora con diez veces más de la fuerza que solía hacerlo, quería saberlo cómo había logrado yo hacer eso.

Estuve a punto de tirar todo por la ventana, me sentía muy frustrada por haber tratado durante hora y media que las cosas funcionaran. Y en tan solo cuestión de segundos y de manera absolutamente divina, los ángeles me habían ayudado con toda facilidad. Como resultado, ahora esa familia tenía agua limpia.

Así vemos que invocar a los arcángeles es una manera muy efectiva de salir de aprietos cuando tenemos problemas con objetos materiales. Otras personas, como en el caso de Sharon, una psicoterapeuta conocida, prefieren siempre invocar a sus ángeles guardianes personales cada vez que necesita ayuda. Ningún pedido de ayuda queda sin respuesta, y no hay forma de llamar a un "número equivocado" cuando envía una llamada de auxilio al cielo. El ángel de la guarda de Sharon, "sanó" su vehículo:

La calefacción de mi Jeep se había dañado. Mientras conducía en la mañana del lunes, sentí la fuerte presencia de un ángel en el asiento del pasajero. Le pregunté cuál era su nombre, y escuché una voz interna que me decía: "Ángela."

Unos meses antes, les había pedido a los ángeles que cuidaran mi hogar y mi Jeep, y sentí que ella me decía que era el ángel que cuidaba de mi Jeep desde el momento en que había pedido protección. Le pedí que contactara al ángel que reparaba calefacciones para Jeep, porque la mía se había dañado desde hacia dos semanas. Tuve la intuición de que Ángela decía que ella se haría cargo de eso. A la mañana siguiente, ¡mi calefacción funcionaba de nuevo!

CAPÍTULO NUEVE

Seguridad espiritual con los ángeles

El mundo en verdad es un sitio 100% seguro. Sin embargo, parece peligroso debido a las formas de los pensamientos de temor que actúan como reflejos de cualquier preocupación o aprehensión que llevemos en nuestras mentes. Algunas veces no creemos en nuestros pensamientos, y por esa razón los ángeles nos cuidan y nos protegen.

Ángeles protectores

Dios y los ángeles verifican que todos estemos seguros y protegidos. Por supuesto, esto significa que tenemos que pedir su ayuda y luego escuchar y seguir la guía recibida. Mi amiga Mary Ellen descubrió esta regla de una manera dramática y casi trágica:

Ella y su amiga Nancy, siendo las dos estudiantes universitarias veinteañeras en los Estados Unidos, estaban de vacaciones en Alemania con un presupuesto muy restringido. Andaban por las carreteras del campo pidiendo que los automovilistas las llevaran en sus autos, lo cual era algo usual en aquella época. Dos camiones militares de los Estados Unidos se detuvieron y las dos se subieron en camiones distintos. Ahora dejaré que Mary Ellen cuente el resto de la historia con sus propias palabras:

El conductor del camión en que me encontraba tenía intenciones más bien poco éticas. Comenzó a atacarme. Pensé lo más rápido que pude y comencé a rezar ante sus avances. Le dije a este joven soldado de Nueva York que yo no era de ese tipo de chicas. Él contestó que no le importaba. En ese momento, una voz masculina invisible me habló claramente en mi oído izquierdo: *"Dile que se lo dirás a todo el mundo."*

No pensé que eso funcionaría y le dije: "¿Cómo te sentirías si tu hermana viniera a Europa y le hiciera el amor a un extraño?" Supuse que eso le haría ver que ella no haría algo así, ni yo tampoco.

La voz masculina al lado de mi oído izquierdo seguía repitiendo: *"Dile que se lo dirás a todo el mundo."* Pensé que era una tontería decir algo así y que no era posible que eso pudiera disuadir a ningún atacante.

Lo más divertido es que nunca me pareció raro escuchar esa voz. Talvez si yo hubiera dicho: "¿Escuchaste esa vocecita?" el soldado hubiera pensado que yo estaba loca ¡y me hubiera dejado en paz!

Entonces le dije: "Si no te quitas de encima de mí, saco mi cuchillo y te lo entierro." Ahora bien, esto sonaba como una bravuconada, pero en realidad yo sí tenía un cuchillo. "Eso no me importaría." Luego se levantó las mangas de su camisa y me enseñó las marcas de cuchilladas que recorrían sus brazos, todas eran recuerdos de sus peleas callejeras en Nueva York.

Pensé: *¡Oh no!*

La voz masculina al lado de mi oído izquierdo gritó: "*¡DILE QUE SE LO DIRÁS A TODO EL MUNDO!*" Pensé: *Si claro, si un cuchillo no lo asusta, ¿por qué lo haría una frase así?*

Pero no me quedaban más argumentos, y dije: "Se lo diré a todo el mundo."

Y bien, el tipo saltó lejos de mí. Me quedé totalmente sorprendida. Me dijo: "¡No te atreverás!"

Y mi mente pensaba: *Heme aquí en un país en donde no hablo el idioma, no tengo a nadie a quién llamar o a quién comentarle nada y ni siquiera sé en donde estoy.*

Entonces dije: "Sí lo haré."

Arrancó el camión y me condujo en silencio hasta la bodega en donde estaba el otro camión con Nancy. Estaba preocupada por mí y se puso feliz al verme. Nunca le dije lo de mi voz, pero sabía que me habían salvado Dios, los ángeles y mis oraciones pidiendo protección.

Tuve una experiencia similar, también con un final feliz. Estaba haciendo ejercicio en la terraza de mi casa en donde tenía un equipo de gimnasia para correr. Cuando iba por la mitad de mi rutina, advertí un hombre al otro lado de la calle. Me estaba mirando fijamente y sentí escalofrío, como si yo fuera su presa.

Al principio traté de ignorar o racionalizar la situación. Después de todo, ¿por qué alguien me miraría de esa manera? Estaba vestida de forma muy conservadora, con una sudadera suelta, pantalones de gimnasia y nada de maquillaje. Sin embargo, mi intuición me decía que este hombre me estaba mirando con intenciones poco honorables.

Tenía dos opciones, dejar de hacer mis ejercicios y partir, o intentar un enfoque espiritual. Opté por la segunda. Mentalmente, mantuve la intención de hablar con los ángeles guardianes de ese hombre. Les dije que el hombre me estaba asustando y que si por favor, podían pedirle que se fuera. Sentí una gran sensación de paz y tres minutos más tarde, escuché el ruido del motor de su automóvil y le agradecí mentalmente mientras se alejaba.

Una semana más tarde, una mujer se me acercó y me dijo que había notado que un hombre me acechaba en tres oportunidades distintas. Me dio el número de su placa, ya que su conducta la había alertado. Sin embargo, desde aquel día en que tuve la conversación con sus ángeles, ¡nadie lo volvió a ver nunca más!

Protección en las carreteras

Los ángeles nos protegen de muchas maneras. Algunas veces, un conductor lento delante de nuestro automóvil puede encubrir un ángel. Una mujer a la que llamaré Rebecca me contó esta historia que trata de uno de estos ángeles:

> En una ocasión un tipo salió de un estacionamiento justo delante de mí cuando conducía por la pequeña ciudad en donde trabajaba en ese entonces. Iba a una velocidad más lenta que la mía. Luego, al acercarnos a una intersección, un automóvil se pasó un semáforo en rojo al frente de nosotros mientras nuestro semá-

foro estaba todavía en verde. Si el automóvil que salió del estacionamiento no se hubiera interpuesto en mi camino, yo habría estado en medio de esa intersección cuando el otro auto se pasó el semáforo en rojo y ¡no creo que estaría viva hoy en día!

El cielo también nos protege en formas que desafían las leyes terrenales. Por ejemplo, si se está quedando sin gasolina, los ángeles se asegurarán de que usted llegue a su destino sin percances. Por ejemplo, le ayudarán a llegar hasta una estación de gasolina, aun si ya no le queda nada de combustible. O, en el caso en que *llegue* a quedarse sin nada de gasolina, los ángeles le enviarán a alguien a su rescate rápidamente.

Miriam, una anciana a quien entrevisté, me dijo que se había quedado varada una tarde en un camino desolado con una llanta pinchada. Sin saber cómo cambiar la llanta, pidió asistencia. Al cabo de unos momentos, una pareja llegó a su lado y le ofreció su ayuda. Mientras la pareja cambiaba su llanta, ella advirtió que ellos habían simplemente "aparecido" sin un automóvil a la vista. No había edificios de donde hubieran podido haber salido. Tan pronto hubieron cambiado la llanta, la pareja desapareció de forma tan misteriosa como habían aparecido. Como psicóloga, sabía que Miriam era una persona lúcida e inteligente que no alucinaba o exageraba al contarme esta historia.

Actuando como superhéroes, los ángeles también pueden afectar la materia física para impedir accidentes. Karen Noe, una consejera espiritual de Nueva Jersey, cuenta la siguiente historia remarcable de cómo los ángeles le salvaron el día:

Timmy, mi hijo de ocho años, y yo, estábamos en el estacionamiento de un supermercado en una colina en extremo empinada. Al final de esta colina había una calle de cuatro carriles con mucho tráfico. Mientras caminaba hacia mi automóvil, vi un carrito de compras rodar rápidamente hacia abajo de la colina, directamente hacia la calle de mucho tráfico. Si hubiera seguido a esa velocidad, habría llegado a la calle y hubiera causado un accidente sin duda alguna.

Mientras lo veía avanzar colina abajo, dije de inmediato: "Señor, por favor detén ese carrito... ¡ahora!" El carrito se detuvo en ese instante, *en medio de la colina, ¡en la pura pendiente abajo!* No había nadie en la sección del estacionamiento en donde el carrito se detuvo. Enseguida, un hombre que salió de la nada, llegó y llevó el carrito en la otra dirección hacia un tope del estacionamiento en donde ya no podía moverse. Al girar la cabeza para decirle a mi hijo lo que acababa de suceder, ¡el "hombre" literalmente desapareció!

Mi hijo que está tan acostumbrado a que invoquemos a los ángeles para todo, dijo simplemente: "Es un ángel de nuevo," como si viera cosas así todos los días (lo cual así es en realidad).

El pedido de ayuda de Karen combinados con la fe inquebrantable que ella y su hijo poseen, crearon este milagro. Lo único que tenemos que hacer es pedir, y luego mostrar un indicio de fe, aun si la fe es efímera. Pero es importante decirles ahora a las personas que sufren pérdidas trágicas en sus vidas, que esto no significa que Dios o los ángeles los hayan abandonado. Las pérdidas ocurren por un sinfín de razones, incluyendo el hecho de que para alguien sea su momento de partir. No obstante, siempre creo que cuando pedimos ayuda y escuchamos cuando ésta llega, los ángeles nos ayudan a escaparnos del peligro o a reducir considerablemente sus efectos.

Luz blanca

Una forma maravillosa de asegurar la seguridad y la estabilidad de su hogar y de sus posesiones es rodearlas de "luz blanca." La luz blanca es la energía de los ángeles que tiene fuerza vital e inteligencia propia. Cuando usted se rodea o rodea sus posesiones con luz blanca, les está poniendo un escudo protector.

Por eso, si alguien con malas intenciones se acerca a usted o al objeto cubierto con luz blanca, esa persona no podrá causar ningún daño. Se sentirá forzado a partir y a dejarlo en paz a usted y a sus posesiones sin entender la razón por la cual se sintió apremiado a alejarse. En algunos casos, esa persona puede ni siquiera ser capaz de *verlo* a usted o a sus cosas, casi como si la luz blanca hiciera invisibles los objetos para las personas con intenciones negativas.

Es fácil rodearse con luz blanca a sí mismo, a sus seres amados y a sus posesiones. Tan solo tiene que cerrar los ojos y visualizar la luz blanca rodeando el contorno de una persona u objeto. Una vez que ha logrado ver esto con su mente, ¡habrá terminado su labor!

Si durante la noche, no logra dormir temiendo ser robado o que haya un incendio, logrará dormir profundamente si les pide ayuda a los ángeles. Tan solo visualice su hogar rodeado de luz blanca. Enseguida visualice un ángel guardián muy grande colocado a cada lado de su puerta, y si quiere, hasta de cada ventana. Con la luz y los ángeles velando por su hogar, dormirá seguro y tranquilo.

Puede rodear a sus hijos y a otros seres queridos con luz blanca como aislante espiritual. También me gusta rodear con luz blanca el automóvil o el avión en que viajo. Y a menudo pido ángeles adicionales como escolta y protección para mi vehículo.

Además, cada vez que deambule por un lugar en donde exista algún tipo de negatividad o mentalidad materialista, rodéese de luz blanca. Si tiende a ser clarisensible (también conocido como empático, intuitivo o sensitivo), puede tender a absorber la energía negativa de esos ambientes. Las personas que son clarisensibles tienden a tener una percepción exacta de los sentimientos ajenos y pueden impregnarse fácilmente de la negatividad de los demás. El resultado es que esa persona puede sentirse a menudo agobiada o desanimada.

Para prevenir estas emociones negativas, las personas clarisensibles pueden visualizar un sello triple de luz a su alrededor: primero una capa de luz blanca, enseguida una segunda capa de luz verde esmeralda para sanación y luego una capa de luz violeta. La tercera capa actúa como un amortiguador que desvía cualquier influencia negativa.

Los ángeles también dicen que las personas clarisensibles deben pasar mucho tiempo al aire libre. Según los ángeles, la naturaleza actúa como un "absorbente de humo" y remueve las energías negativas que esa persona ha captado. Los ángeles recomiendan con firmeza que las personas clarisensibles mantengan plantas en macetas cerca a sus camas, especialmente plantas con hojas grandes tales como crotos y filodendros. Las plantas absorben los residuos o la negatividad del cuerpo mientras uno duerme, al igual que remueven el monóxido de carbono de nuestro aire.

Objetos perdidos

Cuando era niña, perdí mi monedero un día que caminaba a casa después de la escuela. Esa noche, lloré por haberlo perdido, pero mi madre me tranquilizó al afirmarme: "Nada se ha perdido ante los ojos de Dios." Me explicó que aunque yo no sabía en dónde estaba mi monedero, Dios podía verlo en ese preciso momento.

Me quedé dormida repitiendo: "Nada se pierde ante la mente de Dios," confiada en que Dios me traería mi monedero de regreso. Cuando abrí los ojos a la mañana siguiente, ahí estaba mi monedero rojo, justo al lado de mi cama. Mi madre juró que no tuvo nada que ver con eso. Hasta el día de hoy, ella sigue repitiendo lo mismo, y creo que fue un verdadero milagro debido a mi fe total en el poder de Dios.

Le he enseñado esta afirmación a muchas personas y he recibido muchas cartas de personas que dicen haber experimentado la recuperación milagrosa de artículos perdidos al afirmar en forma repetida: "Nada se pierde ante la mente de Dios."

Usted también puede pedirles a los ángeles que lo ayuden a localizar sus cosas perdidas. En una ocasión en que acababa de mudarme a una casa nueva, no encontraba mis papeles de la oficina que había dispuesto en varias cajas. Debía encontrar mis cheques para pagar algunas cuentas. Le imploré a mis ángeles: "Por favor, ¿en dónde están mis cheques?"

Escuché una voz que decía: *"¡Revisa en el armario!"*

Cuando abrí el armario todo desordenado, sentí que mi atención y mis manos se guiaban de inmediato hacia una bolsa grande. Ahí estaba mi chequera, exactamente en el sitio en donde la voz del ángel me lo había dicho.

Una mujer llamada Jenny había perdido el llavero con las llaves de su automóvil, de su casa y de la casilla de su apartado postal. Ella y su esposo habían buscado sin suerte por todas partes. Al cabo de dos días, Jenny y su esposo estaban hablando en el garaje. Ella estaba a punto de ir al supermercado en el auto de su esposo, ya que no podía usar el suyo propio, y le dijo a Dios en voz alta: "Por favor ayúdame a encontrar las llaves de mi auto, ¡ahora!" Tan pronto como terminó la frase, Jenny dirigió la mirada hacia una lata de café invertida en el garaje. Parecía brillar desde su interior, y se sintió atraída irresistiblemente hacia ella. Su esposo no advirtió lo que estaba sucediendo, distraído en sus cosas.

Cuando Jenny levantó la lata de café, vio el brillo inconfundible de las llaves del automóvil por debajo. "¿Cómo pudo suceder?" se preguntaba. "Recuerdo haber buscado bajo la lata de café dos veces, y no estaban ahí antes." Siendo una mujer de mucha fe, Jenny no se cuestionó el milagro que acaba de ocurrir en el momento de pedirle ayuda a Dios. Prefirió, más bien, sorprender a su esposo, quien seguía ocupado con su proyecto.

Jenny se subió a su automóvil y tocó suavemente la bocina. "Adiós cariño, ¡me voy a la tienda ahora!" Sin caer en cuenta de lo sucedido, su esposo le dijo adiós con la mano, mientras Jenny se alejaba de la casa, cuando de repente se dio cuenta de que su esposa estaba conduciendo un automóvil para el cual no tenía llaves. Corrió hacia ella, y luego los dos rieron mientras Jenny le explicaba cómo la guía Divina la había llevado a encontrarlas.

El cielo también nos ayuda a reemplazar artículos que se han estropeado, tal como lo descubrió la consejera espiritual Maria Stephanson, quien ya les presenté anteriormente:

Me habían invitado a un evento formal y compré una blusa preciosa por 155 dólares en una tienda muy exclusiva. Esto es algo muy especial en mí. Yo soy de las primeras en comprar siempre cuando está todo rebajado con los mayores descuentos posibles y jamás había gastado más de 25 dólares por una blusa. Sabía que era una blusa para usar en las fiestas y ocasiones especiales.

Aproximadamente un mes después del evento, le presté la blusa a una amiga muy íntima en quien confiaba plenamente, y quien tenía un evento formal. Después de usarla, la llevó a la lavandería y ahí la dañaron por completo. Mi amiga estaba devastada, pasó la noche en blanco llorando sin saber cómo me lo iba a decir. Llamó a la lavandería y a la tienda en donde la había comprado, pero en los dos lugares le pidieron el recibo de compra para siquiera considerar la posibilidad de rembolsar el dinero. Ella quería cambiarla por una nueva, pero en la tienda en donde yo había comprado la blusa, era la única que les quedaba. Me sentí un poco mal, pero en realidad me sentía peor por mi amiga.

En realidad, el problema era que no lograba encontrar el recibo por ninguna parte. Busqué hasta el cansancio durante todo un día, escarbando por todas partes, hasta que decidí que solo me quedaba despedirme de mi blusa. No obstante, recordé un seminario de la doctora Virtue al que había asistido y pensé en las formas que ella nos había enseñado de comunicarnos con nuestros ángeles. Y luego escuché las cintas de *Divine Guidance (La guía divina)*.

Entonces decidí pedirles a mis ángeles: "Si de hecho, todavía tengo ese recibo en alguna parte, ¿me podrían mostrar en dónde está?" Tuve el sentimiento inmediato de que debía mirar en un cajón de mi cocina. El mensaje fue tan poderoso que giré sobre los talones y caminé directo hacia el cajón y lo abrí con la *certeza* absoluta de que ahí lo encontraría. ¡Y así fue!

Me reí, di las gracias y le llevé el recibo a mi amiga. Me dijo que lo llevaría a la lavandería para obtener un reembolso. Al día siguiente, ¡me sorprendió con una blusa nueva! Había decidido correr el riesgo e ir a la tienda, en donde como por arte de magia, tenían una de mi talla exacta. Fueron muy amables y se la cambiaron sin hacerle preguntas. O sea que los ángeles no solo me ayudaron a encontrar el recibo, ¡sino que además me consiguieron una blusa nueva!

Dinero perdido y recuperado

Entre las historias de intervención divina que recibo, algunas de las que más me conmueven son aquellas relacionadas a las personas que pierden sus carteras o sus billeteras y luego las recuperan por medio de un milagro. Estas historias no solo confirman mi fe en que Dios y los ángeles velan sobre nosotros, sino que además refuerzan mi fe en la bondad de la humanidad. Una mujer llamada Gayle Earle me contó la maravillosa historia de cómo sus ángeles y algunas personas buenas le ayudaron a encontrar su billetera:

> Por accidente, dejé mi billetera en el carrito de compras del supermercado. Cuando llegué a casa, saqué las compras y regresé a mi auto. En el camino, les pregunté a mis ángeles: "Bueno, ahora díganme a qué tienda debería ir para realizar el resto de mis compras" No recibí

una respuesta clara, entonces me sentí frustrada. Luego recibí el mensaje: *"¿Sabes en dónde está tu billetera?"* Me di cuenta de que no podía encontrarla.

Algo me hizo regresar al supermercado. Pues así fue, alguien la había regresado a la tienda y estaba ahí esperándome con todo y mi dinero. Nuestro mundo está lleno de personas amables y honestas, y me siento bendita de pertenecer a él.

En otra historia de dinero perdido y recuperado, dos terapeutas de la sanación llamadas Rachelle y Mary Lynn le pidieron al arcángel Miguel que cuidara de su cartera perdida:

Rachelle y Mary Lynn conducían de Pittsburg a Cleveland y se detuvieron en un restaurante para cenar. Una hora más tarde, llegaron a una estación de gasolina. Mary Lynn buscó su cartera para pagar, y descubrió horrorizada, que la había dejado en el restaurante.

Como las dos mujeres tienen mucha fe en el poder de los ángeles, en especial, en el arcángel Miguel, le pidieron de inmediato que cuidaran de la cartera de Mary Lynn. Luego afirmaron: "Todo está en perfecto orden divino" para reafirmar su fe.

Cuando conducían de regreso al restaurante, les pidieron a sus ángeles que las ayudaran a llegar de regreso a él ya que habían olvidado su ubicación. Sintieron la presencia de los ángeles guiándolas y calmándolas, hasta llegar a la salida siguiente de la carretera, llegaron al restaurante y el gerente le entregó a Mary Lynn su cartera. Todo estaba ahí, incluidas las tarjetas de crédito y 200 dólares en efectivo.

Un mes más tarde, Mary Lynn tenía que invocar al arcángel Miguel para otro caso de cosas perdidas. Como es una enfermera para casos relacionados con el corazón, Mary Lynn "flota" por todo el hospital y no tiene un escritorio o un casillero permanente. Mantenía todas sus pertenencias, incluso sus llaves, dinero y agenda, en un maletín.

Una noche, Mary Lynn estaba muy ocupada con una emergencia y dejó descuidado su maletín. Después de la cirugía, advirtió que había desaparecido. De inmediato le pidió al arcángel Miguel que la ayudara a encontrarlo, después le envió bendiciones y amor divino a la persona que se lo había llevado. Al cabo de una hora, Mary Lynn recibió una llamada de seguridad, diciendo que tenía su maletín. Tal como había sucedido en la otra ocasión, recuperó todas sus pertenencias sin faltarle nada en lo absoluto.

ॐ   ॐ   ॐ

Cada vez que perdamos algo, es importante pedir ayuda espiritual. Muy a menudo escucho historias de personas que buscaron algo durante horas, hasta que finalmente decidieron pedir ayuda a Dios y a los ángeles, y de repente lo encuentran unos minutos más tarde. Esto también lo descubrió una mujer llamada Maggie.

Siendo mesera de medio tiempo, Maggie había colocado, con sumo cuidado, sus ganancias de 65 dólares en efectivo de la tarde anterior en un sobre dentro su cartera. Luego, se fue a hacer algunas diligencias y sacó 5 dólares del sobre para comprar comida en Taco Bell.

A la mañana siguiente, buscó por todos lados su sobre lleno de dinero, pero había desaparecido. Maggie buscó en todos los botes de basura y bajo cada papel que tenía en su casa, pasando horas infructuosas en su búsqueda. Finalmente, desesperada, acudió a Dios y a los ángeles en busca de ayuda.

En el instante en que hizo su solicitud, Maggie recibió una imagen mental de la bolsa de Taco Bell de la cena del día anterior. Fue al bote de basura, abrió la bolsa y ¡ahí estaba su sobre lleno de dinero!

Recordatorios de los ángeles

Los ángeles cuidan de nosotros y de nuestros hogares. Una participante de mis seminarios de guía Divina, me contó esta historia:

Mientras conducía en una ocasión, escuché una voz en mi interior que me decía que la cafetera había quedado encendida. A mí no se me habría ocurrido esto para nada, ya que mi esposo con frecuencia trabaja fuera de la casa y él es quien usa en realidad la cafetera. Sin embargo, la voz sonaba imperativa.

Decidí llamar a mi esposo a su teléfono celular mientras conducía. Le pregunté si recordaba haber apagado la cafetera antes de salir de la casa. "¡Oh, se me olvidó!" exclamó. Regresó a casa y la apagó, agradeciéndoles a los ángeles que cuidaran nuestro precioso hogar.

Ángeles en la carretera

La mayoría de las historias de ángeles que he recibido se relacionan con automóviles. Nuestros ángeles nos velan de cerca cuando estamos en automóviles porque no desean que nada nos suceda antes de que sea nuestra hora. Por supuesto, hay un límite en lo que ellos pueden hacer, como llegar a gritarnos para advertirnos el peligro. Nuestro libre albedrío nos deja la opción de ignorar el ruego de los ángeles de desacelerar, cambiar de carril y ese tipo de cosas.

Una radioescucha me pido en una ocasión que le describiera los ángeles que la rodeaban. "Hay un ángel femenino grande a tu lado," le dije. "Se seca el sudor de la frente mostrándome todas las veces que te ha ayudado mientras conduces y de todas las que te ha salvado. Parece que la mantienes ocupada sin darle tregua, salvándote sin cesar mientras conduces. Déjame preguntarte algo: ¿Conduces como una maniática o algo así?"

"Bueno, no exactamente," fue su lacónica respuesta, "pero en realidad me maquillo mientras voy de camino a mi trabajo." Vi una imagen de esta mujer mientras conducía con el espejo retrovisor en frente de ella, aplicando el pintalabios mientras que su ángel agarraba desesperadamente el volante.

Los ángeles nos aman, ¡pero desean que pongamos atención mientras conducimos!

La siguiente historia, relatada por una mujer llamada Lynette, es el caso más típico de intervención divina que escucho:

Iba manejando en el carril de alta velocidad cuando escuché una voz que me dijo: *"Desacelera, ¡ahora!"*

Desaceleré un poco y tan pronto como lo hice, salió un auto de la nada. Tuve que pisar el freno en seco para evitar golpear el auto por un costado. Literalmente, me detuve a seis pulgadas del auto. Lo increíble fue que ni siquiera me asusté o me conmoví, sí me sobresalté un poco, pero mis rodillas no temblaban como me hubiera imaginado que sucedería en una ocasión así.

Muchas de las historias que escucho sobre intervención divina nos dejan la piel de gallina, tal como sucede con la experiencia de David.

David conducía en una autopista congestionada del sur de California, cuando de repente advirtió que la aguja del medidor de gasolina pasaba rápidamente de lleno a vacío. David pensó: Humm, acabó de llenar el tanque. Me pregunto si habré dejado la tapa del tanque en la estación de gasolina. *Cuando el medidor cayó por debajo del indicador de vacío y la luz de la reserva se encendió, David se orilló en la carretera para investigar lo ocurrido.*

Un momento después de haberse orillado, David escuchó un ruido estrepitoso. Miró a su alrededor y vio que en el carril que acababa de dejar, había ocurrido un accidente que envolvía tres automóviles. Si él no se hubiera orillado, ¡seguro que hubiera sido parte del accidente!

Dijo una oración de gracias y también oró por las personas involucradas en el accidente. Luego salió con cuidado de su auto para confirmar que la tapa del tanque estuviera en su lugar, y así era. Giró entonces la llave del encendido y cuál no fue su sorpresa cuando vio que el medidor subía hasta marcar lleno. Su auto era muy confiable y jamás había tenido un problema con el medidor antes de esa ocasión, ni después. David sabe que Dios y los ángeles lo rescataron de un serio accidente al manipular su medidor. Era obvio que ellos sabían que David investigaría de inmediato ¡si algo así sucediera!

ॐ ॐ ॐ

Tal como lo ilustra la historia de David, los ángeles pueden afectar el mundo físico y crear milagros cuando es necesario. Madison, una sanadora de Utah, vivió en carne propia un caso en que los ángeles desafiaron las leyes de la física:

> Estaba conduciendo en el carril de la derecha de una carretera de cuatro carriles. Había un auto al frente mío y otro a la izquierda. De repente el conductor al frente mío frenó en seco. Tuve que dar un brusco viraje hacia el carril de la izquierda para evitar el choque. Se los juro, que la única opción que me quedaba era chocar contra el auto de mi izquierda. Pero cuando miré por mi espejo retrovisor, vi que el auto que estaba a mi izquierda estaba ahora a una distancia de unos seis autos detrás de mí. No tengo la más mínima duda de que mis ángeles me salvaron.

Ángeles que distorsionan el tiempo

Muchas personas, incluyéndome, hemos también descubierto que los ángeles pueden ayudarnos a llegar a tiempo a nuestro destino. Una mujer dijo que iba retrasada para una cita con una amiga para recogerla en el aeropuerto:

> No hay manera real de que yo lograra llegar al avión a tiempo, entonces les pedí a mis ángeles que me ayudaran a llegar. De alguna manera, llegué al aeropuerto, me estacioné y llegué a la terminal a recoger a mi amiga cinco minutos antes de que llegara el avión, y éste había llegado a tiempo. Fue como si los ángeles me hubieran ayudado a distorsionar el tiempo, porque la ruta hasta el aeropuerto siempre me toma una hora, y esta vez me había tomado media hora. Ni siquiera tuve que ir más deprisa de lo que normalmente conduzco.

Otra mujer me contó una historia similar:

> Iba tarde y salí de casa 20 minutos más tarde de lo que normalmente lo hago. Les pedí a mis ángeles que me ayudaran a llegar rápidamente a mi trabajo, sin estrés y con toda seguridad. Normalmente me toma de 30 a 40 minutos. Hoy, ¡llegué en 15 minutos! No había virtualmente nada de tráfico. Solo tuve que parar en dos semáforos en rojo y aun en ellos, solo tuve que esperar segundos. Nunca me excedí en la velocidad en lo absoluto y ¡llegué temprano a mi trabajo! Gracias, angelitos.

Si no hubiera experimentado en persona este tipo de milagros en que los ángeles "distorsionan el tiempo," no creería esas historias. Pero me han sucedido cosas de este tipo y he escuchado tantas historias similares, que ahora las acepto como eventos normales y posibles a todo aquel que pida ayuda a los ángeles con el tiempo cuando viaje.

En una nota menos mística pero relacionada, una mujer llamada Patti me contó esta historia:

Conduciendo una noche desde la casa de una amiga, tomé un camino desconocido. Afirmé con simpleza: "Estoy siendo guiado por la divinidad," y me sentí dirigida por una fuerza invisible para tomar muchas calles por las cuales jamás había pasado antes. ¡Terminé ganando 15 minutos del tiempo que normalmente me toma llegar de su casa a la mía!

Seguridad en el trabajo

Un día estaba dando sesiones de los ángeles por teléfono desde mi casa para un programa de radio del oeste medio de los Estados Unidos. He descubierto que puedo ver los ángeles de las personas fácilmente cuando estoy frente a frente, por teléfono, o tan solo pensando en la persona. Nuestra visión espiritual o clarividencia, no está limitada como lo está nuestra visión física.

La persona que llamó al programa dijo que era un bombero que había escapado por poco a la muerte la noche anterior. "Alguien me ayudó a salir de la casa en llamas," dijo él con emoción. "¡Lo sé! podía sentir la presencia y las manos de alguien que me ayudó a escapar, aunque no había más bomberos conmigo en la casa. Estaba completamente solo, y estoy seguro de que un ángel salvó mi vida. Tengo una idea de quién fue, pero quisiera estar seguro. ¿Podrías decirme quién es mi ángel de la guarda? ¿Quién salvó mi vida anoche?"

"Sí, es tu abuelo," dije. Había visto el anciano caballero al lado del bombero todo el tiempo mientras él hablaba. El abuelito me mostró cuánto adoraba a su nieto y que no dejaría que nada malo le sucediera.

El bombero quedó sorprendido por la validación instantánea. "¡Lo sabía!" exclamó. "Mi abuelo falleció hace solo tres meses. Tengo su certificado de defunción y su foto ahora mismo en mis manos. ¡Yo sabía que había sido él quien había salvado mi vida! Por favor, dale las gracias por mí, ¿quieres?"

"Él te puede escuchar ahora mismo," le contesté. "Él sabe que se lo agradeces y además sabe que lo quieres mucho. Él también te quiere mucho."

Nuestros ángeles nos ayudan a mantenernos seguros en nuestro trabajo. Ellos intervienen si nos enfrentamos con una situación en que peligra nuestra vida antes de que sea nuestra hora de partir. La experiencia del bombero fue un acto heroico de su abuelo, su ángel guardián.

Sin embargo, para las cuestiones cotidianas de seguridad, debemos permitir la intervención de Dios y los ángeles. Debido a la ley del libre albedrío, solo pueden ayudarnos si se los pedimos, o si alguien que queremos mucho se los pide, tal como un pariente, amigo o cónyuge.

Los oficiales de la policía consideran al arcángel Miguel su santo patrón porque él los cuida y los protege. Muchos oficiales de la fuerza pública usan broches o llevan imágenes del arcángel Miguel como recordatorios para pedir ayuda. La protección de Miguel no se limita sin embargo a los oficiales de policía. Como un Superman de carne y hueso, Miguel es capaz de estar al mismo tiempo al lado de todo aquel que solicita su ayuda y protección.

Pídale mentalmente al arcángel Miguel que permanezca a su lado y lo guíe. Él le dirá plena y claramente si debe alejarse de un peligro. Miguel ayuda a todo el mundo, sin importar su religión o su ausencia de religión. Lo único que él desea es que ustedes le pidan su ayuda. Él se encarga del resto.

También me parece útil visualizar rodeados de luz blanca todos los equipos que se usan en el trabajo y el lugar de trabajo. Como lo mencioné con anterioridad, la luz blanca es una forma de energía angélica que tiene inteligencia, poder y fuerza vital. Cuando usted se imagina un equipo de trabajo rodeado de luz blanca, lo resguarda contra daños y robos. Use su intuición para saber si debe seguir sellándolo con luz, o si el artículo quedó sellado por completo. Si tiene dudas, séllelo de nuevo con luz blanca para protección adicional.

Si está preocupado por la seguridad de una persona querida en el trabajo, invoque mentalmente ángeles adicionales para que rodeen esa persona. Visualice a su ser querido encapsulado en luz blanca. Sepa que los ángeles y la luz nunca van a violar el libre albedrío de una persona. Sin embargo, ellos crearán un efecto de "foso defensivo" como en un castillo, al cual tienen que proteger para prevenir que energías adversas lleguen al contacto de su ser querido.

Paz y tranquilidad

Los ángeles saben que el ruido es un estresante que puede crispar los nervios, interrumpir nuestros sueños y socavar nuestra paz interior. Por fortuna, cuando les pedimos ayuda, los ángeles son capaces de intervenir y aquietar cualquier situación.

Un locutor de un programa de radio, me dijo que su ángel guardián le había ayudado a tener una mañana pacífica. Era un sábado a eso de las siete de la mañana, y él trataba de dormir hasta tarde en su día libre. Pero el perro de su vecino no paraba de ladrar furiosamente. *¿Cómo voy a lograr dormir con tanto escándalo?* pensó enojado. Luego recordó la sesión con los ángeles que había tenido conmigo la semana anterior. Le dije el nombre de su ángel guardián, Horacio, y que él podía invocarlo para pedirle ayuda con *cualquier cosa*. "Supuse que podía poner a Horacio a trabajar para ayudarme," recordó. "así es que de inmediato le dije: 'Por favor ayúdame para que ese perro deje de ladrar, ¡ahora mismo!' Al segundo que terminé de expresar mi deseo, el perro se calló por completo y se quedó así toda la mañana. ¡Cuenten conmigo como un creyente más!"

Soy muy sensible a los ruidos porque mis oídos se sintonizan con las voces de los ángeles. Entonces, cuando llegué a un seminario hace poco y descubrí que la alarma de fuego se había disparado (una falsa alarma), me sentí determinada a corregir de inmediato la situación. Su alarma contra el fuego consistía de luces estroboscópicas intermitentes en las cuatro esquinas de las paredes del salón donde se iba a llevar a cabo el seminario, acompañadas por una alarma chillona y estridente cada dos minutos. Era posible hablar con un tono de voz normal durante un par de minutos y de repente — ¡pum!— la alarma arrancaba de nuevo y todo el mundo tenía que comenzar a gritar. Las luces estroboscópicas brillaban continuamente, creando una extraño ambiente de discoteca.

Estaban conmigo unos cuantos de mis estudiantes y todos nos unimos en un círculo antes de comenzar mi exposición. Juntos, les pedimos a los arcángeles Miguel y Rafael que repararan la alarma contra el fuego. Les pedí a los bomberos y a los ingenieros fallecidos que vinieran en nuestra ayuda par aliviar la situación. Luego le entregamos toda la situación a Dios. Estaba segura de que de alguna manera, la alarma se arreglaría para cuando yo tuviera que comenzar a hablar.

Cuando me presentaron unos momentos más tarde, las luces estroboscópicas se apagaron de repente. Todo el mundo miró a su alrededor cuando se dieron cuenta de que las alarmas contra el fuego se habían arreglado justo en el momento en que me subí al escenario. ¡Solo hay que pedir para recibir!

Funcionó de forma tan maravillosa que la semana siguiente cuando de nuevo fui acosado por el ruido, decidí intentar esta técnica una vez más. Estaba en la playa, descansando después de un periodo extendido de trabajo arduo. Tenía dos horas para disfrutar, cuando dos chicos se sentaron a mi lado y encendieron su equipo de sonido a todo volumen con música rap.

Mentalmente, conversé con los ángeles guardianes de los dos jóvenes, diciéndoles: "Por favor, díganle que su música me está molestando y que si por favor le podrían bajar al volumen" Sabía que los ángeles tratarían de ayudarme, pero no sabía si los chicos escucharían a sus ángeles o ignorarían la voz de su consciencia. Sin embargo, unos momentos más tarde, apagaron su equipo de sonido. Cuando uno les pide ayuda a los ángeles, ¡siempre funciona!

Mi gerente, Steve Allen, pudo comprobar esto, cuando estaba filmando un segmento de un programa para la televisión nacional en mi hogar. Durante la entrevista, mi refrigerador estaba haciendo mucho ruido. Steve les pidió mentalmente a sus ángeles que silenciaran el refrigerador, y el motor se apagó, ¡en el preciso instante en que él lo pidió! Aunque Steve es un hombre de mucha fe, quedo sorprendido por la rapidez en que le fue otorgada su solicitud.

CAPÍTULO DIEZ

Sanación de nuestras vidas pasadas con los ángeles

Como terapeuta, siempre me ha intrigado el tema de las vidas pasadas. Por muchos años, sin embargo, a pesar de que reconocía el valor terapéutico de conducir sesiones catárticas de regresión a vidas pasadas, pensaba que todo este asunto era pura fantasía. Por supuesto, durante mucho tiempo tampoco creía en Ángeles o en la vida después de la muerte. Me dejaba controlar por el hemisferio izquierdo de mi cerebro y no aceptaba los temas esotéricos. Tuve que vivir varios milagros (los cuáles leerán más adelante) antes de que estuviera lo suficientemente abierta a la idea del mundo espiritual.

Aun así, seguía pensando que la idea de las vidas pasadas era pura insensatez, pero entendía su valor terapéutico. Muchos clientes con fobias no se sanaban hasta que pasaban por regresiones a vidas pasadas, como por ejemplo, una mujer que comía compulsivamente y no respondía a la terapia tradicional. No obstante, cuando esta mujer fue hipnotizada con la intención de encontrar el trauma original conectado con su compulsión, vio en su mente un escenario en donde se moría de hambre en una vida previa. Justo después de la sesión, su apetito se normalizó y bajó de peso.

Y en realidad, ¿es importante si la mujer tuvo o no una vida pasada? ¡No! la única consideración práctica es el aquí y el ahora, puesto que la curación solo puede ocurrir en el momento presente.

En mi libro *Divine Guidance: How to Have a Dialogue with God and Your Guardian Angels*, (Guía Divina: Cómo dialogar con Dios y con sus Ángeles guardianes), explico maneras prácticas para recibir consejos y sugerencias celestiales. Sin embargo, escuchar los consejos es solo el comienzo. Tenemos que seguirlos, poner en acción la guía Divina. Si se siente estancado, paralizado en su habilidad de aplicar la guía Divina en su vida diaria, puede ser debido a un asunto de una vida pasada. Por ejemplo, muchas personas con las cuales he trabajado, han recibido la guía Divina para convertirse en consejeros intuitivos o en sanadores espirituales o de medicina alternativa. Sin embargo, por mucho que desean lograr sus metas, sienten un miedo tan intenso como lo es su propio deseo o incluso más fuerte.

En muchos casos, estos sanadores modernos han tenido vidas pasadas en las cuales se les dio muerte debido a sus habilidades intuitivas o curativas. He trabajado con personas que han sido decapitadas, quemadas en la hoguera o algún otro tipo de muerte terrible, debido a que sus habilidades intuitivas amenazaban la iglesia local o las instituciones gubernamentales. Murieron en la Inquisición y durante la época de persecución de brujas. Por esa razón, en esta vida, cuando la guía Divina les sugiere que sean consejeros o que practiquen la sanación, no es sorprendente que sientan miedo. En realidad, es una decisión inteligente si nos ponemos a analizarlo: "Veamos, me han matado antes por ser una persona intuitiva. Creo que mejor *no* seré una persona abiertamente intuitiva en esta vida."

Así es tanto si cree o no en las vidas pasadas, se puede beneficiar de todas maneras del papel que juegan al aplicar la guía Divina en nuestra vida *presente*. Tal como lo he dicho, la guía Divina tiene aplicaciones prácticas para ayudarnos a llevar una vida más feliz y armoniosa. Sin embargo, muchas personas bloquean inconscientemente la percepción de su guía Divina. O no la siguen. El resultado es una oración sin respuesta, no porque Dios y los ángeles los ignoren, sino porque la guía Divina se pierde en el limbo como una carta que el destinatario rehúsa abrir y leer.

Aquí vemos algunos de los bloqueos relacionados a las vidas pasadas que no nos dejan disfrutar de los beneficios de la guía Divina aplicada:

Votos realizados en vidas pasadas — ¿Alguna vez ha sentido que no puede salir adelante financieramente? ¿Todas sus relaciones parecen estar infestadas de problemas? Los votos de pobreza, castidad o sufrimiento que haya hecho en vidas pasadas pueden ser la causa de todo esto. Repito, no importa si usted cree o no en las vidas pasadas, no puede hacerle daño, solo ayudarlo, anular cualquier voto que haya realizado.

A continuación encontramos algunas afirmaciones poderosas que liberan los efectos de dichos votos. Uso este método con mis clientes que están bloqueados debido a vidas pasadas y los resultados son impresionantes. La clave para la eficacia de estas afirmaciones consiste en decirlas con convicción. En otras palabras, usted debe *creer* en lo que está visualizando en vez de tan solo pronunciar las palabras. Diga cada una de las siguientes afirmaciones dos veces, ya sea mentalmente o en voz alta, con toda su intención:

- *Por este medio, anulo todos los votos de pobreza que haya hecho en alguna de mis vidas pasadas y pido que todos los efectos de esos votos sean deshechos en todas las direcciones del tiempo.*

- *Por este medio, anulo todos los votos de sufrimiento que haya realizado en cualquier vida pasada, y pido que todos los efectos de esos votos sean deshechos en todas las direcciones del tiempo.*

(**Nota:** No diga la siguiente afirmación si está llevando actualmente una vida de castidad intencionalmente):

- *Por este medio, anulo todos los votos de castidad que haya hecho en cualquier vida pasada, y pido que todos los efectos de esos votos sean deshechos en todas la direcciones del tiempo.*

El miedo a ser poderoso — Este miedo en particular se deriva a menudo de vidas pasadas en las cuales *abusamos* de nuestro poder. En particular, si vivimos en la antigua civilización conocida como "Atlántida," prevalece el miedo al abuso del poder.

La Atlántida era una sociedad pujante que usaba la

tecnología más avanzada basada en energía solar y propulsada por cristales. Los atlantes poseían muchos métodos avanzados para la curación y el transporte. También poseían una sed insaciable de poder. Usaban sus conocimientos tecnológicos para conquistar otras civilizaciones. Una a una, los atlantes fueron conquistando casi todas las masas terrestres en el mundo.

Al cabo de un tiempo, sin embargo, comenzaron a abusar de su poderío y de su arsenal, y terminaron destruyendo su propia masa de tierra. Se hundió en una explosión causada por las armas que llegaron a desplegar para conquistar tierras del otro lado del mundo. Hasta hoy en día, las almas que vivieron en la Atlántida temen aniquilarse ellos mismos y a sus seres amados al abusar de su poder.

Retos relacionados con las vidas pasadas y la vida presente

Si sospecha que tuvo una vida pasada traumática que lo hace que cierre las puertas a sus habilidades intuitivas, sus Ángeles pueden ayudarlo a aliviar este dolor. Sus Ángeles también pueden ayudarlo a sanar cualquier problema de salud relacionado con vidas pasadas. He trabajado con muchos clientes y estudiantes que nacieron con lesiones o problemas físicos que están relacionados directamente con la forma en que murieron en sus vidas pasadas.

Por ejemplo, una mujer llamada Suzanne que fue traspasada por una espada durante una batalla, tenía problemas crónicos con su cadera, al lado izquierdo, exactamente en el mismo lugar en donde había recibido la herida fatal en su vida pasada. Otra mujer que fue ahorcada en una vida pasada sufría de dolor crónico en el cuello en esta vida y tenía fobia de usar camisas que le apretaran el cuello. Las dos clientas se cuentan entre las que lograron erradicar con éxito el dolor de sus vidas al invitar a sus Ángeles a que las curaran.

No es necesario recordar ni traer a la memoria su vida pasada para que sus Ángeles lo curen. Sin embargo, algunas veces los ángeles le muestran la relación entre sus asuntos de la vida presente y el dolor no sanado de su vida pasada. Como siempre, la curación ocurre cuando usted libera las emociones enjauladas de su vida pasada.

Por ejemplo, sus Ángeles pueden guiarlo para que perdone a aquellos que lo asesinaron en una vida pasada. Pueden ayudarlo a liberar sentimientos que llevan ahí por siglos de horror que lleva consigo como resultado de haber sido testigo de una masacre en tiempos de guerra. En esos casos, cuando es útil y curativo, sus Ángeles y su propia mente inconsciente le permiten recordar escenas de vidas pasadas. Nunca le mostrarán información para la cual usted no esté preparado emocionalmente.

Mi clienta Grace comprendió finalmente por qué se sentía tan atraída por los países celtas cuando estuvo en una sesión que la ayudó a comprender la relación entre su baja autoestima y sus vidas pasadas:

Grace: ¿Por qué me siento tan indigna y poca cosa, y qué puedo hacer al respecto?

Doreen: Los ángeles me dicen que te estás sanando, pero no tan rápido como te gustaría. O sea que estás progresando al respecto. Es interesante. La humildad es una de tus cualidades espirituales y parte de tu propósito. Aparentemente, parte de tu propósito de vida era venir y aprender la humildad en esta vida, porque en una vida previa no eras humilde en lo absoluto.

Tus Ángeles me muestran una vida pasada en la cual eras la hija privilegiada de padres de clase alta, y fuiste educada como una princesa. Tengo que ser muy directa diciendo lo que me están mostrando: Eras verdaderamente soberbia y mirabas a todo el mundo como si fueran poca cosa. Pero era porque no entendías, eso era lo único que conocías. Tuviste una vida maravillosa, y no la desperdiciaste. Pero la manera en que mirabas a los demás era debido a que nunca tuviste que pasar por ninguna situación difícil, y de esa forma decidiste tener esta vida para equilibrarla y aprender humildad.

Pero el problema es que en muchos casos, substituyes la humildad por la indignidad, cuando en realidad son dos cosas muy distintas. Y esa es la lección que tienes que aprender ahora: ¿Cómo puedes encontrar la humildad sin tener que caer en la vergüenza o en la culpa? Entonces, la lección espiritual es en la que te encuentras en tu senda de aprendizaje ahora mismo, es reconocer verdaderamente la unidad de todos los seres. Saber que la grandeza de Dios está en el interior de cada uno de nosotros, incluida tú. Nadie es más o menos especial que nadie.

Aun tienes la realeza impregnada en tu ser por tu vida pasada. Parece que hubiera sucedido en un país celta, como Gales o Irlanda. Todavía tienes un poquito del carácter reservado de esa vida, y eso se mete con tu ego y te hace sentir miedo. Casi que temes mostrar tus reacciones naturales a los demás, y por eso tratas de no fijarte en los pensamientos de los demás y preservar los tuyos ante ellos.

Como ves a los demás, así te ves. Si puedes aprender a ver la gloria y la belleza en el interior de los demás, aprenderás más fácilmente a ver la tuya propia. Tus Ángeles dicen que debes estar atento a tus pensamientos, y cuando te veas juzgándote o juzgando a los demás, te perdones y alejes esos pensamientos. No luches contra ellos porque entonces se incrementarán en tamaño y en intensidad. Tan solo advierte los pensamientos, y luego libéralos.

Pero vas muy bien. ¡Por favor no des por descontado todo el esfuerzo que has logrado! Tus Ángeles me muestran que acabas de madurar y progresar en este sentido. Es cuestión de aprender a equilibrar y a no dejar que te vayas a extremos de enjuiciarte o a otros tipos de juicios. Los dos extremos son siempre dolorosos.

Grace: Es cierto, he logrado avanzar mucho y tengo que reconocerme eso.

Doreen: Bien, todos tenemos nuestros momentos de dureza hacia nosotros mismos. Los ángeles están aquí para ayudarnos a sanar esta tendencia porque es algo que de verdad se interpone más en nuestro camino que lo que nos ayuda a motivarnos.

ॐ ॐ ॐ

Varios de mis clientes han llegado a comprender porqué han tenido relaciones tan controversiales en esta vida. Por ejemplo, una clienta llamada Bridgette comprendió que había tenido dos relaciones problemáticas con su madre en vidas pasadas. Esos problemas en las relaciones estaban presentes en la vida actual, en la cual Bridgette y su madre no cesaban de discutir. Los Ángeles de Bridgette la ayudaron a darse cuenta de que si ella no sanaba su relación madre-hija en *esta* vida, era muy posible que tuviera que seguir batallando con su madre en una vida *futura*. Eso fue suficiente para motivar a Bridgette para que sanara la relación, con la ayuda de sus Ángeles.

Liberar karmas

Karma es un sistema de creencia ancestral que dice que todo lo que hacemos es "causa" de los "efectos" que experimentamos luego. La creencia en el karma es una forma de ver la ley universal de la causa y efecto, pero *no* es la única. La ley de causa y efecto es intransmutable, pero esta ley no dice que debemos ser "castigados" o "bloqueados" debido a nuestras experiencias pasadas. Al contrario, la Ley de Causa y Efecto es una ley de amor y busca liberarnos de nuestro pasado.

Primero que todo, la idea del "pasado" está basada en la creencia en el tiempo lineal. Sabemos que el tiempo es en realidad simultáneo, no lineal. En otras palabras, todo lo que alguna vez ha vivido y todo lo que alguna vez *vivirá* está sucediendo ahora mismo. Eso se debe a que *no* existe otro momento distinto al ahora. Los humanos en la Tierra creamos esta creencia en el pasado, presente y futuro como una forma de medir el crecimiento y los logros. Sin embargo, la verdad espiritual es que ya hemos logrado todo lo que podemos lograr. Ya estamos en casa, perfectos en todos los sentidos, ya que estamos unidos a Dios. El único "sendero" o "meta," si es que hay alguno, es darnos cuenta de que ya tenemos todo lo que deseamos. Tan pronto como nos demos cuenta de este hecho, lo experimentamos.

Digámoslo en otras palabras, porque es muy importante que este concepto sea explicado en términos simples y llanos. Hay varias realidades existiendo al mismo tiempo en este momento. Una buena analogía es pensar en esas realidades como si fueran películas que están en una videocasetera o encima de su televisor. Puede escoger ver la película que desee. No tiene que pedirle permiso a nadie, usted es la única autoridad aquí. Una película es una obra de arte realmente bella, una película magnífica que lo inspira y lo empodera. Otra película es mediocre y barata. Otra es una "comedia de errores," en la cual los personajes se la pasan saliendo de un lío tras otro. Luego hay una tragedia, llena de drama, corazones rotos y todo tipo de problemas imaginables.

Todas estas películas existen simultáneamente, cada una esperando que la pasen y la experimenten en el ahora. ¿Cuál película pondrá y experimentará *usted*? Usted decide según los pensamientos que decide tener. Es importante que todos comprendamos que nosotros escogemos verdaderamente nuestros pensamientos, y por lo tanto, escogemos la película, o el tipo de película, que experimentamos. Todos tenemos las mismas calificaciones para escoger y experimentar cada película. Usted no tiene que merecer el derecho de experimentar la película hermosa y llena de armonía. Es su derecho de nacimiento tener una vida poderosa, pacífica y significativa. Aunque pasar por momentos dolorosos y obstáculos es una manera de lograr la madurez espiritual, no es la única. Usted verdaderamente puede lograr la iluminación con una vida pacífica, porque usted ya está iluminado ahora mismo.

Si está experimentando carencias, limitaciones o dolor de cualquier tipo, significa simplemente que en algún lugar de su interior, está escogiendo pensamientos de miedo. Algunas veces, ni siquiera estamos conscientes de estos pensamientos, o creemos que no tenemos control sobre ellos, ¡cómo si los pensamientos nos escogieran a *nosotros!* Con la práctica, puede llegar a estar consciente de los pensamientos que tiene en cada momento. Cada vez que siente dolor de cualquier tipo, sabrá que es debido a un pensamiento de temor. Mientras progresa en el sendero espiritual, desarrollará menos tolerancia por el dolor, hasta que llegará al punto de "cero tolerancia ante el dolor." En ese momento, ya no tendrá pensamientos de temor, y reconocerá al instante cualquier pensamiento de temor y lo liberará. Usted puede trabajar con los ángeles para liberar los pensamientos de miedo y sus efectos. Después de todo, los ángeles están siempre con usted y siempre están listos para ayudarlo. Tan solo piense: *Ángeles, ¡por favor ayúdenme!* y ellos intervienen y lo sanan.

Todo pensamiento de amor o de temor tiene un efecto. Los pensamientos de amor provienen de su verdadero ser. Los pensamientos de temor provienen de su falso ser, o ego.

Los efectos siguen conectados a sus causas. Cada vez que escoge un pensamiento de temor, queda atado con fuerza a su ego, como a un globo. Por lo tanto, las experiencias dolorosas quedan conectadas con usted, una tras otra, en un patrón y un ciclo en apariencia infinitos, siempre y cuando siga aferrado a la *causa* o a los pensamientos de temor del ego. Sin embargo, si libera la causa, su efecto se lo lleva el viento.

Lo más hermoso de todo esto, es que todos los pensamientos de temor que usted o los demás puedan haber tenido, pueden ser liberados. ¡Sus efectos dolorosos pueden ser liberados también al mismo tiempo!

Un curso en milagros dice: "Reconozca que se ha equivocado y todos los efectos del error desaparecen." Lo que quiere decir esto es que podemos "colapsar el tiempo" regresando nuestros pensamientos a la verdad, a la base de la realidad verdadera. Nada real puede ser amenazado;

nada irreal existe. Aquí yace la paz de Dios.

Esto es muy distinto a eludir la responsabilidad de sus acciones, es muy distinto también al concepto religioso de "expiar nuestras culpas." Liberar karma es simplemente liberar ideas falsas, las cuales nos causan efectos dolorosos. Después de todo, los errores no deben ser castigados, tan solo corregidos. Todos hemos cometido errores, algunos han sido considerados prácticamente "imperdonables." Sin embargo, Dios ve más allá de esos errores y tan solo ve nuestra perfecta creación. Somos seres poderosos, pero no lo suficiente como para deshacer la perfección que viene de haber sido creados a imagen y semejanza de nuestro Creador. Nada que uno pueda decir, pensar o hacer puede cambiar la maravillosa perfección que está en nuestro interior y que siempre estará.

En algunos de los planos astrales de la vida después de la muerte, hay una creencia de que si uno comete un error en una vida, tal como ser cruel con alguien, que uno debe reencarnar con algunos problemas físicos o emocionales para "expiar" esos errores. Cuando uno encarna bajo este punto de vista, elije una vida llena de dolor y de problemas. Sin embargo, puede corregir ese error en cualquier momento en que lo desee.

Los ángeles lo ayudarán a liberar los errores que ha acumulado en su mente vida tras vida. Y no importa si cree o no en la reencarnación.

Cómo pueden los ángeles sanar nuestros asuntos de vidas pasadas

Tan solo con sostener la intención de sanar sus asuntos de vidas pasadas, sus Ángeles son capaces de ayudarlo.

Además de tener una sesión formal con una persona entrenada para hacer una regresión a vidas pasadas, sus Ángeles pueden ayudarlo a recordar y a liberar sus problemas de vidas pasadas. Usted puede lograr esta meta ya sea durante el sueño o durante un estado de meditación:

En sus sueños — Antes de acostarse en la noche, pídales mentalmente a sus Ángeles que entren en sus sueños y le muestren cualquier vida pasada relacionada con problemas de su vida actual. Soñará con otros tiempos en los cuales vivió, y puede que recuerde o no esos sueños, dependiendo de la preparación que tenga su mente inconsciente para manejar esas emociones.

Desde el punto de vista de la curación, no importa si recuerda los sueños. Lo que importa, es que durante esos episodios nocturnos, sus Ángeles tengan el permiso de entrar a curar sus emociones escondidas. Debería despertarse sintiéndose como que ha logrado hacer un gran trabajo de limpieza durante su sueño. Se puede sentir un poco agotado. Sin embargo, sabrá que ha estado involucrado en una labor importante durante su sueño, el cual redundará para bien en su salud en general.

En sus meditaciones — Mientras se dé cuenta que está en un estado de meditación, pídales a sus Ángeles que le muestren visiones de sus vidas pasadas. Luego permítase enfocarse, con una mente abierta. No se esfuerce en que pase algo. Más bien, sea como una pantalla pasiva de cine que recibe proyecciones de los ángeles.

Su mente y su ego pueden tratar de convencerlo de que usted se está inventando las películas que ve en su mente. Libere esos miedos y preocupaciones y entrégueselos a sus Ángeles para que no interrumpa el flujo de información que le es enviado.

Mientras observa o vuelve a vivir memorias de vidas pasadas, asegúrese de mantener la conexión con sus Ángeles. Sepa que ellos estaban ahí con usted en sus vidas pasadas así como lo están ahora mientras revive viejos recuerdos. Sus Ángeles lo guiarán para que pueda sanar y purificar cualquier dolor de vidas pasadas.

Por ejemplo, pueden pedirle que se imagine un "final" distinto para su película de la vida pasada, casi como si estuviera escribiendo el libreto de esa vida. Entonces, en vez de ser asesinado trágicamente, se inventa una escena en la cual muere tranquilamente durante sus sueños. Su mente inconsciente cambiará las viejas emociones con las nuevas, más pacíficas.

O por ejemplo, sus Ángeles pueden guiarlo para que se perdone o perdone a otras personas en su vida pasada. Confíe en que sus Ángeles lo ayudarán a lograr esta liberación, ya que puede ser que le parezca difícil lograr perdonarse por sí mismo. Los ángeles entrarán en su memoria celular y emocional y purificarán cualquier residuo de emociones negativas de vidas pasadas.

A continuación encontramos una copia de una sesión de terapia con los Ángeles con un cliente cuyos asuntos de vidas pasadas estaban interfiriendo con el trabajo y las finanzas de su vida actual. Lea cómo los ángeles lo ayudaron a acabar con sus patrones previos de pobreza para que pudiera disfrutar de más prosperidad y propósito en su profesión:

Sam: Estoy a punto de iniciar mi propia compañía de creatividad. ¿Qué dicen los ángeles al respecto?

Doreen: *Debes* hacer este tipo de trabajo, los ángeles dicen que no tienes otra opción, porque eso es lo que eres y quién eres realmente.

Sam: ¡Oh, sí, definitivamente esa es mi pasión!

Doreen: Bien, los ángeles me muestran que disfrutarás todo lo que hagas que involucre trabajo artístico, y que ahí hay un gran potencial de éxito. Sin embargo, los ángeles dicen que tienes algunos problemas con la sensación de merecer ganar el dinero. Estas creencias hacen que el dinero siempre se aleje de ti, en vez de que puedas poseerlo en el momento actual.

Tus Ángeles dicen que eres una persona con mucho talento, o sea que el talento no es el problema.

Sam: Ya entiendo, es saber que merezco ganar dinero con mis talentos.

Doreen: ¡Exactamente! Tienes una energía mental que hace que el dinero venga hacia ti. Los ángeles dicen que tienes la expectativa de que no tienes suficiente dinero.

Sam: Es cierto, estoy al tanto de eso. También estoy consciente de que en algún nivel, no siento que merezco que me llegue.

Doreen: Los ángeles te piden que hagas una terapia con ellos para resolver este asunto ahora mismo, ¿estás de acuerdo? Por favor, inhala profundamente y observa un rayo de luz que desciende a través del centro de tu cabeza, como un imán que atrae cualquier tipo de estrés o de preocupación para erradicarlos. Quisiera pedirte que afirmes conmigo, por favor: *Estoy dispuesto a anular cualquier voto de pobreza que haya podido hacer en cualquiera de mis vidas. Anulo estos votos de pobreza ahora, y ya partieron.*

Sam: Estoy dispuesto a anular cualquier voto de pobreza que haya podido hacer en cualquiera de mis vidas. Anulo estos votos de pobreza ahora, y ya partieron.

Doreen: Muy bien, grandioso. Hay algo en tu subconsciente que ve el dinero de manera un poco distinta a cómo tus Ángeles desearían que lo vieras. Es realmente muy importante que veas el dinero como un apoyo al hermoso trabajo que has nacido para hacer, porque tú tienes verdaderamente la intención de traer mucha alegría y diversión al mundo a través de tu trabajo.

Sam: Bien, ¡eso es exactamente lo que pretendo!

Doreen: *Tienes* que hacer este trabajo. No tienes otra opción, porque este fuerte impulso en tu interior proviene de la misión Divina en tu vida. Lo único que puedes elegir son tus expectativas de sentirte apoyado mientras lo realizas. Que mereces *recibir* para poder *dar*.

Sam: Sí, eso ha sido definitivamente un problema en mi vida, en especial cuando sé que hay otras personas que están en peores condiciones que yo. También durante mi crianza, me enseñaron que la "pobreza es santa." Aunque durante muchos años, he estado consciente intelectualmente de que este mensaje no es cierto para mí, ha sido muy difícil desprenderme de esta actitud.

Doreen: Exactamente. Bueno, sobresale en una vida pasada, algo que está relacionado con la actual. Vivías en Inglaterra y te vestías como un bufón de la corte, pero eso no era lo que hacías. Algo similar, como un teatro de variedades.

Sam: Siempre me ha atraído mucho la idea de ser un trovador.

Doreen: ¡Exactamente! ¡Eso era lo que eras! Un trovador, y lo que hiciste en esa vida te mantuvo. Te detenías en una comunidad y hacías tu trabajo, luego buscabas a algunos campesinos y ellos te daban alojamiento y cena por la noche. Y ese era el estilo de vida que llevabas, sin ninguna preocupación, la actitud del que piensa: "ya llegará algo, alguien se ocupará de mí." Pero era casi como si aceptaras las sobras de la vida por otro lado. En esta vida, queremos que eleves un poquito tus estándares.

Sam: Bueno, pues me siento listo para hacerlo. ¿Crees que la meditación es la respuesta?

Doreen: Creo que la clave es que estés consciente de esta actitud subyacente. Tus Ángeles me dicen que seas firme con el universo y le digas: "¡Ey! Merezco recibir todo el apoyo necesario para mi trabajo." Una vez que estés firme con el universo, éste te responde rápidamente.

Sam: ¡Grandioso! Bueno, estoy en el punto en que siento que estoy listo. Estoy cansado de hacer proyectos artísticos para grandes corporaciones y estoy listo para seguir mi corazón y crear obras de arte desde mi alma. ¿Crees que ahora es un buen momento para dejar mi trabajo normal en arte comercial y dedicarme de lleno a mi propia empresa?

Doreen: Debes seguir con tu trabajo normal hasta que estés realmente listo para hacer este otro trabajo, y cuando estés listo para volar por todo lo alto. Es decir, cuando tengas la absoluta certeza de que es el momento de hacerlo. Esa certeza no proviene del miedo o de la ira. Viene de la confianza tranquila y de la paz que sencillamente te dice: "Ya es hora." después de todo, tienes esposa, y cuentas que pagar, y no eres un trovador en esta vida. Si fueras soltero, te diría: "Lánzate ahora."

Tan pronto como estés mentalmente listo, serás capaz de realizar el gran cambio. Tú decides el momento exacto. No está decidido como un destino final. Puedes comenzar a hacerlo como un empleo a tiempo parcial.

Sam: Yo sé en el fondo que tendré éxito en mi trabajo. Es tan solo cuestión de acostumbrarme a la idea de que debo superar los nervios que anteceden a un cambio de esta envergadura. No creo que sea demasiado difícil lograrlo, solo tengo que tener más confianza en mí mismo.

Doreen: Pronto tendrás más confianza en ti mismo. Tus Ángeles y yo deseamos que trabajes con dos arcángeles para ayudarte aun más con la profesión que has escogido. Uno es el arcángel Gabriel, él es el arcángel de los comunicadores y de los artistas y las personas que trabajan en la actuación. Gabriel es un arcángel femenino que puede abrirte muchas puertas. Aunque no sientas que te está hablando, sentirás la evidencia de su presencia a través de las oportunidades.

El otro arcángel es Miguel, quien ahora mismo está a tu derecha. Él es tu ángel protector, te da el coraje para que sigas adelante.

Sam: Es interesante que salga a la luz el tema del coraje, porque ahora mismo, más que cualquier cosa, necesito coraje. Siento que la energía de Gabriel ha estado conmigo como un comunicador artístico. Pero creo que mi objetivo primario este año es tener el coraje para creer en mí mismo y salir adelante y cometer mis propios errores.

Doreen: Sí, absolutamente. Desde finales de 1998, hemos todos experimentado una energía nueva que hace que vivamos en una integridad total, y que nos liberemos de aquellas cosas que no honran nuestro verdadero ser. Si no las liberamos, sentiremos cada vez más dolor. Debes hacer realmente tu trabajo. Luego, para cerrar con broche de oro, añádele esta nueva energía del año 1999, y debes liberarte de tus viejas creencias y salir adelante.

Sam: Sí, definitivamente me siento así. En el último trabajo que tuve, haciendo un folleto comercial, sentía como una pesadez que no sentí en trabajos previos. Era como si esa sensación me dijera: "Es hora de avanzar." Sin embargo no siento que me impulsa la ansiedad. Es más como una fortaleza serena.

En el siguiente capítulo, leerán sobre los ángeles en la Tierra que le ayudan en formas sorprendentes. podría descubrir que *usted* es en realidad un ángel en la Tierra.

CAPÍTULO ONCE

Ángeles encarnados, elementales, caminantes y seres estelares

A menudo me preguntan si los ángeles se pueden encarnar en forma humana. La respuesta es totalmente afirmativa. En Hebreos 13:2 se menciona este hecho cuando dice: *"No os olvidéis de la hospitalidad, porque por ella algunos sin saberlo, hospedaron ángeles."* En otras palabras, puede ser que ya haya interactuado con ángeles que lucen como seres humanos, sin darse cuenta que en realidad eran seres celestiales. De hecho *usted* podría ser un ángel encarnado y no saberlo.

Para mí, un ángel es alguien que actúa de manera angelical. En este sentido, entonces todos seríamos ángeles encarnados en algún momento. Durante este cambio de milenio, han llegado a la Tierra seres desde todas las partes del universo. En mis consultas privadas, he logrado conocer muchos seres cuyo origen no era de esta Tierra.

SÁNESE CON LOS ÁNGELES

He aprendido que hay muchos seres extraterrestres, ángeles, elementales y caminantes en el planeta ahora mismo.

En el amplio sentido de la palabra, todos somos uno,
uno con Dios, entre sí, con los ángeles, y con los maestros
ascendidos. Cada uno de nosotros posee la misma chispa
divina de la luz de Dios en nuestro interior. Al igual que
muchas hojas unidas al mismo árbol, todos tenemos la
misma fuente y nos afectamos unos a los otros.

Sin embargo, en este mundo de ilusiones en donde
todo aparece como seres separados, tenemos características que nos distinguen los unos de los otros. Por ejemplo,
aquellos que nacen como seres masculinos, tienen una
energía distinta a la que tiene apariencia femenina.

También hay patrones de energía con diferentes lon-
gitudes de onda, según su estilo de vida. Alguien que, por
ejemplo, pasa la mayor parte de su tiempo tomando alcohol en un bar, tendrá un talante y una energía distintos
a alguien que pasa la mayor parte de su tiempo orando y
en meditación. Su patrón de energía se afecta según los
lugares en donde pasa su tiempo, según las personas con
las cuales se asocia y los pensamientos que tiene la mayor
parte del tiempo.

De la misma forma, hay almas que han "pasado el
rato" durante la mayoría de sus vidas en diferentes tipos
de encarnaciones o escenarios. No todos los hijos de Dios
encarnan en la Tierra como humanos. Algunos seres deciden vivir en otros planetas y en otras dimensiones. Si han
tenido varias vidas en estos lugares distintos, su fisonomía
y sus patrones de energía reflejan estos entornos y experiencias. Luego, cuando deciden encarnar en la Tierra,
traen consigo los patrones de energía de sus vidas previas
en esos otros lugares y dimensiones.

Muchos "trabajadores de la luz" (personas que se

sienten atraídas a ayudar a los demás, especialmente en el sendero espiritual) han tenido encarnaciones previas en otras dimensiones o planetas. Deciden encarnar en forma humana en la Tierra en este momento para actuar como ángeles terrestres durante el cambio de milenio.

Para poder ajustarse a la vida en la Tierra, "tomaron prestados" recuerdos de sus vidas pasadas de los Registros Akáshicos (la biblioteca del otro plano que contiene los registros de todo lo que le ha sucedido a todos los seres). Estos recuerdos prestados de vidas pasadas sirven como amortiguadores o cojines para que el alma pueda llegar a ser lo que se espera que sea en este planeta. Después de todo, la Tierra es considerada como uno de los planetas más volátiles en que se puede encarnar. El nivel de agresión, violencia y pesimismo que se encuentran aquí, es considerado como bastante elevado en las galaxias. Un libro maravilloso que trata sobre el tema de los recuerdos prestados de las vidas pasadas es *Keepers of the Garden* (Guardianes del jardín) de Dolores Cannon.

No todo aquel que encarna como ángel, ser estelar, elemental o caminante, está aquí por primera vez. Aquellos que actúan como ángeles sobre la Tierra pueden decidir volver varias veces. Ellos retienen el patrón energético de su dominio de origen, y entonces, por ejemplo, un ángel encarnado ha estado en esa forma durante muchas de sus vidas.

Seres estelares

La primera vez que trabajé con un extraterrestre encarnado, a quien yo llamo "ser estelar," quedé totalmente sorprendida. Ella desafiaba todos mis estereotipos sobre los extraterrestres. Lucía en gran parte como una persona normal (aunque hay algunas distinciones físicas claves entre los seres estelares, los cuales señalo a continuación). Sin embargo, hasta que llegué a discernir psíquicamente que ella trabajaba con una nave espacial, no tenía idea de que ella no era de esta Tierra.

Cuando le dije a mi clienta que la veía trabajar y viajar en una nave espacial muy grande, estuvo totalmente de acuerdo. Al contrario de mis clientes subsecuentes que eran seres estelares, ella estaba muy al tanto de sus orígenes. Desde que trabajé por primera vez con este ser estelar, he tenido la oportunidad de trabajar con una docena más y encuentro algunos patrones interesantes entre ellos:

- **Ojos peculiares** —Los seres estelares tiene ojos almendrados o arqueados con los extremos hacia abajo como en la letra N. Imagínese los ojos de Bette Midler y podrá captar la idea.

- **Estructura corporal pequeña** —La mayoría de los seres estelares encarnados tienen huesos pequeños y son delgados y de corta estatura.

- **Apariencia de lucir "desapercibidos"** —Tienden a tener facciones comunes, y la mayoría se viste de manera muy casual, como si quisieran camuflarse con el medio ambiente para no llamar la atención.

- **Auras inusuales** —Los seres estelares tienen auras con rayas que apuntan hacia sus cuerpos, con los colores del arco iris. Los seres humanos y los seres de dimensiones terrenales tienen auras que rodean el cuerpo como el cascarón de un huevo. Estos patrones distintivos de las auras se muestran en las fotografías Kirlian y del aura.

- **Propósitos de vida diseminados** —Su propósito de vida es "ayudar cuando se presente la oportunidad de hacerlo." Los seres estelares abren las puertas a los extraños y dejan que las personas pasen delante de ellos en las filas, sin esperar que se lo agradezcan. Están aquí para ser agradables, para diseminar colectivamente el planeta del estrés y la violencia. Debido a este tipo de propósito de vida diseminado, los seres estelares no tienen un propósito de vida específico, sino que más bien, les gusta ayudar a todo aquel que lo necesite. Por eso, por lo regular, tienen trabajos normales en donde pueden tratar con muchas personas y así apoyarlos y ayudarlos con palabras de aliento y consuelo.

- **Amor por la paz y la honestidad** —Tienen poca tolerancia por la deshonestidad y la violencia. Vienen de planetas en donde no existen estas características, por eso no saben cómo lidiar con los humanos que son hipócritas, manipuladores o violentos. Debido a esta carencia de habilidad para lidiar con los problemas comunes de la Tierra, los extraterrestres encarnados son a menudo catalogados erróneamente con desórdenes psiquiátricos, incluyendo el desorden de atención diferida y la esquizofrenia.

- **Relaciones y patrones familiares inusuales** —Puesto que en sus planetas tienen costumbres diferentes sobre la vida familiar, la educación de los hijos, la reproducción y el sexo, muchos seres estelares prefieren no casarse o tener hijos. No se sienten sintonizados con las imágenes románticas de la cultura occidental porque no es su estilo. Además, saben que la vida familiar interfiere con su misión como trabajadores de la luz, con la cual se comprometieron durante su vida. A menudo, una persona estelar del sexo femenino se enamora de un hombre mucho más joven, quien puede ser un alma gemela de su grupo estelar.

- **Sensación de ser diferentes** —Los seres estelares saben, muy en lo profundo de su ser, que no son de la Tierra. A menudo pasan sus vidas sintiendo como que no se pueden ajustar aquí. Un ser estelar dijo: "Siempre he tenido la sensación de que me habían dejado caer en este planeta, y he estado esperando que alguien venga a rescatarme y a llevarme a casa." Sienten, muy en lo profundo de su ser, que su familia biológica no es su "verdadera" familia, y se preguntan si fueron adoptados.

Ángeles encarnados

Otro grupo de personas que he llegado a conocer a través de mis consultas privadas, son los ángeles encarnados. Ellos también tienen sus características especiales:

- **Lucen como ángeles** — Los ángeles encarnados masculinos tanto como los femeninos tiene facciones suaves, en general con rostros en forma de corazón y con tipo infantil. Un gran porcentaje de ángeles encarnados femeninos se decoloran el cabello o se lo tiñen de rubio.

- **Relaciones tormentosas** — Los ángeles encarnados tienen un historial de relaciones de co-dependencia debido a su predisposición de dar, entregarse y rescatar a los demás. También pueden ver siempre lo mejor de los demás, por lo cual a menudo permanecen en relaciones abusivas más tiempo del que lo soportaría una persona promedio. Los ángeles encarnados a menudo tienen un historial de varios matrimonios y divorcios.

- **Conductas compulsivas y problemas de peso** — Los ángeles encarnados usualmente tienen conductas compulsivas, en especial comer demasiado, y a menudo son obesos. Tienden a consumir comida u otras substancias en exceso para lidiar con sus problemas emocionales, sobretodo si están desconectados de su espiritualidad.

- **Ayudantes profesionales** — Son sanadores y ayudantes naturales y a menudo realizan trabajos en el área de la salud con labores tales como enfermeros, masajistas, trabajo social, la industria de las aerolíneas o la enseñanza. Personas extrañas les abren su corazón y a menudo les dicen: "No sé por qué te estoy contando todas estas cosas tan privadas. Tan solo siento que puedo confiar en ti."

- **Saben dar más que recibir** — Los ángeles encarnados son personas muy generosas que tienen dificultades para recibir. En consecuencia, podrían manifestar carencias en sus vidas, al bloquear de sus vidas el flujo de dinero, amor, energía y otros recursos naturales. Los ángeles encarnados son muy sensibles a los sentimientos ajenos, a menudo hasta el punto de que se olvidan de sus propias necesidades. Esto puede conllevarlos a que se sientan frustrados o resentidos al ver que no se cubren sus propias necesidades.

Elementales encarnados

Los elementales encarnados son otro grupo de "ángeles de la Tierra" que están aquí para ayudar. Son humanos cuyo origen es el reino elemental, el cual consiste de duendes, hadas y gnomos. Estas son sus características distintivas:

- **Herencia o apariencia celta** — A menudo son pelirrojos, tienen la piel muy blanca y los ojos claros. Sus ancestros son irlandeses, galeses o británicos.

- **Lucen como elementales** — Los duendes encarnados *lucen* como los duendes de los cuentos infantiles, tanto en su apariencia general así como en sus facciones. Es igual en el caso de los gnomos encarnados. Las hadas son por lo general delgadas, esbeltas y ligeramente altas. Es raro ver un hada obesa o bajita.

- **Ropa típica** — Los elementales encarnados a menudo se visten con prendas que uno podría pensar que son características de su especie elemental particular. Por ejemplo, un duende encarnado se vestiría de verde con zapatos cómodos. Las hadas preferirían vestidos vaporosos y diáfanos. Y los gnomos a menudo usan prendas de lana pesadas y gruesas, similares a las prendas que usan los monjes o frailes.

- **Personalidades traviesas** — Tienden a ser bromistas, a veces hasta el punto de que parecen pasivos y agresivos en sus bromas. Puede ser difícil saber si un elemental encarnado está bromeando o no. Parte de su personalidad es la desconfianza o hasta el recelo que sienten por los humanos.

- **Armonía con la naturaleza** — Los elementales tienen el propósito de vida de proteger de los humanos a la Madre Tierra y a sus animales. Por esa razón, los elementales son mejores en carreras que involucran plantas o animales, santuarios al aire libre o trabajo social ecológico. Se sienten felices enseñando de manera voluntaria a los humanos, especialmente a los niños, a que respeten a los animales y al planeta. Un elemental encarnado nunca debería trabajar en una oficina o en cualquier lugar en que tenga que permanecer en interiores. La mayoría de los elementales encarnados se relacionan mejor con los animales y las plantas que con los humanos. Como resultado de esto, muchos son solitarios o tímidos.

SÁNESE CON LOS ÁNGELES

- **Habilidades manifiestas** — Los elementales encarnados son excelentes enfocando sus pensamientos y experimentando rápidamente los resultados en su realidad. Pueden manifestar una riqueza impresionante si se dedican a ello. Sin embargo, los elementales encarnados que se enfocan en el pesimismo también pueden manifestar muy rápidamente problemas y pobreza.

Caminantes

El cuarto tipo de ángel en la Tierra es llamado un "caminante." Se trata de un ser que ha encarnado bajo mutuo acuerdo con un ser "saliente," alguien que deja su ser durante un accidente, una enfermedad o el sueño.

El caminante es un ser espiritual altamente evolucionado con un propósito de vida como trabajador de la luz. El caminante tuvo que encarnar de afán para lograr su propósito y decidió evitar el método usual de desarrollarse como un feto, nacer y crecer. En lugar de esto, el alma del caminante localiza un humano viviente que no aprecie el hecho de estar vivo. Talvez encuentre a una persona deprimida o con intenciones suicidas, o un niño que tenga dificultades ajustándose a su medio.

El alma del caminante se comunica entonces con la persona deprimida, ya sea a través de sus sueños o de transferencia de pensamientos, y le dice: "Voy a asumir tus responsabilidades por ti, te voy a dejar partir a tu hogar en el cielo sin que tengas ningunas de las repercusiones negativas asociadas con el suicidio." Si el ser saliente está de acuerdo en desocupar su cuerpo y permitir que el caminante resida en él por completo, entonces los dos comienzan a ensayar el intercambio varias veces.

Si todo sucede de la forma esperada, el ser saliente incurre en un evento muy importante que cambie su vida, tal como una enfermedad grave o un accidente. En ocasiones, el intercambio puede suceder mientras el ser saliente duerme, pero esto es más bien raro. En el momento convenido, el ser saliente deja su cuerpo y el caminante asume la residencia permanente.

Contrariamente a una posesión o a un apego, el cuerpo tan solo contiene un alma, la del caminante. Como todo esto fue realizado bajo el permiso y la cooperación totales del ser saliente, no están involucradas energías negativas u oscuras.

El caminante asume el banco de memoria del ser saliente y puede ni siquiera notar que es un caminante. Estos no tienen características físicas particulares ya que seres de todo tipo se convierten en caminantes o salientes. Sin embargo, estas son las características distintivas en la vida de un caminante:

- **Cambio drástico de personalidad** — Inmediatamente después de que ocurre la llegada del caminante durante una enfermedad o accidente, los amigos y los familiares de la persona comentan: "¡Estás tan diferente, casi me siento como si ya no te conociera!"

- **Cambio de estilo de vida** — Los caminantes recién encarnados a menudo descubren que no les gusta el estilo de vida del saliente después de entrar al nuevo cuerpo. Pueden divorciarse de su cónyuge, dejar su trabajo o mudarse cerca de la naturaleza. Como parte de su acuerdo con el saliente, sin embargo, asumen las responsabilidades de la persona previa, aun durante las transiciones. Por esa razón, los cambios en el estilo de vida son manejados de la forma más responsable posible.

- **Cambio de nombre** — El caminante puede descubrir que el nombre de la persona previa no se ajusta con su nueva personalidad. Podría entonces decidir cambiarse el nombre, adoptar un nombre espiritual o cambiarse el nombre y el apellido.

Si usted es un ángel en la Tierra

Los cuatro grupos de ángeles en la Tierra son altamente intuitivos, aunque les parece difícil confiar en su intuición. En parte, esto sucede debido a los años que han pasado tratando de adaptarse a la vida en la Tierra. Después de todo, las costumbres aquí son tan extrañas a sus inclinaciones naturales que los seres estelares y los ángeles encarnados eventualmente aprenden a no tomar en cuenta sus sentimientos internos.

Si usted se está preguntando si pertenece a alguno de estos grupos, su guía interna puede decírselo. Antes de irse a dormir, dígale esta afirmación a su ser interno y grupo espiritual: *"Por favor, envíenme un sueño con mensajes claros acerca de mi origen que yo pueda recordar fácilmente cuando me despierte."* También puede escribir esta frase en un pedazo de papel y colocarlo debajo de su almohada. Cuando su subconsciente esté preparado emocionalmente, tendrá un sueño vívido que le ayudará a entenderse mejor.

La Tierra tiene muchos dones para ofrecerle al mundo, incluyendo amor, luz y lecciones. Le pido al cielo que si usted pertenece a uno de los grupos anteriores, abra su corazón y se permita disfrutar del tiempo que transcurra en este magnífico planeta.

CAPÍTULO DOCE

Secuencias numéricas de los ángeles

Los ángeles hacen todo lo posible por llamar nuestra atención y comunicarse con nosotros. De esta manera, nos ayudan a sanar nuestras vidas. Sin embargo, a menudo no nos damos por enterados de las señales que nos envían, desechándolas como meras coincidencias o como frutos de nuestra imaginación.

Los ángeles dicen:

"No podemos escribirles nuestros mensajes en el cielo. Tienen que poner atención y creer cuando observen que se moldean patrones en su vida, especialmente como respuesta a una pregunta o a una oración que hayan hecho. Cuando escuchan la misma canción de forma repetida o ven una secuencia numérica con frecuencia, ¿quiénes creen que están detrás de todo eso? Sus ángeles, ¡por supuesto!"

Secuencias numéricas

Sus ángeles a menudo le comunican mensajes mostrándoles secuencias de números. Hacen esto de dos maneras. Primero, le susurran sutilmente al oído para que miren el reloj o un número de teléfono en un anuncio. Los ángeles esperan que se den cuenta de que están viendo esta secuencia numérica de forma repetida. Por ejemplo, podrían ver con frecuencia la secuencia numérica 111, como si cada vez que miran la hora, el reloj marca la 1:11 o las 11:11.

Otra manera en que los ángeles le muestran números significativos es disponiéndolos físicamente, digamos en un automóvil que conduce delante del suyo con las placas del número específico que ellos desean mostrarle. Los que están al tanto de este fenómeno, se vuelven adeptos a leer el significado de las diversas placas. De esta manera, los ángeles les ofrecen en realidad mensajes detallados, (¿recuerdan el personaje de Steve Martin en la película *L.A. Story*, en que los tableros de resultados siempre le mostraban datos importantes?)

A continuación vemos los significados básicos de las diversas secuencias de números. Sin embargo, sus propios ángeles le dirán si su situación le ofrece un significado distinto para usted. Pregúnteles a sus ángeles: "¿Qué están tratando de decirme?" y ellos le darán con gusto la información adicional que necesita para descifrar sus mensajes numéricos.

111 — Esté muy atento a sus pensamientos, y asegúrese de pensar solamente en lo que desea, no en lo que no desea. Esta secuencia es una señal de que se está abriendo una oportunidad ante usted y que sus pensamientos se están manifestando a velocidades sorprendentes. El 111 es como la luz brillante de un bombillo. Significa que el universo acaba de tomar una foto instantánea de sus pensamientos y los está manifestando en forma. ¿Está contento con los pensamientos que el universo ha capturado? Si no lo está, corríjalos (pídales a sus ángeles que lo ayuden si tiene dificultades controlando o supervisando sus pensamientos).

222 — Sus ideas recién concebidas están comenzando a hacerse realidad. Siga regándolas y cuidándolas, y pronto germinarán de la tierra para que pueda percibir la evidencia de su manifestación. En otras palabras, no renuncie cinco minutos antes de que ocurra el milagro. Su manifestación está a punto de ser evidente, así es que ¡es mejor que siga trabajando! Siga teniendo pensamientos positivos, siga con sus afirmaciones y con sus visualizaciones.

333 — Los maestros ascendidos están cerca de usted, deseando que sepa que puede contar con su ayuda, con su amor y con su compañía. Invóquelos con frecuencia, especialmente cuando vea patrones con el número 3 a su alrededor. Algunos de los maestros ascendidos más famosos incluyen a Jesús, Moisés, María, Quan Yin y Yogananda.

444 — Los ángeles lo están rodeando ahora mismo, asegurándole su amor y su ayuda. No se preocupe, que la ayuda de los ángeles está próxima a llegar.

555 — Abróchese el cinturón, porque está a punto de ocurrirle un gran cambio en su vida. Este cambio no debería verse como "positivo" o "negativo," ya que todos los cambios son parte del flujo natural de la vida. Talvez este cambio sea en respuesta a sus oraciones, así es que siga viéndose y sintiéndose en paz.

666 — Sus pensamientos están desequilibrados en este momento, se están enfocando demasiado en el mundo material. Esta secuencia numérica le pide que equilibre sus pensamientos entre lo celestial y lo terrenal. Tal como lo dice el famoso "Sermón de la montaña," los ángeles le piden que se enfoque en espíritu y servicio, y que sepa que sus necesidades materiales y emocionales serán cumplidas como resultado de esto.

777 — Los ángeles lo están aplaudiendo, felicitaciones, ¡lo está haciendo muy bien! Siga trabajando igual y sepa que su deseo se está haciendo realidad. Este es un mensaje en extremo positivo y quiere decir que debería esperar que ocurran más milagros.

888 — Una fase de su vida está a punto de concluir, y esta es una señal de advertencia para que se prepare. Esta secuencia numérica puede significar que se está fraguando una fase emocional, profesional o amorosa. También puede significar que hay luz al final del túnel. Además, quiere decir: "La cosecha está madura. No espere demasiado tiempo para recogerla." En otras palabras, no deje que pase más tiempo antes de hacer lo que tiene que hacer o de disfrutar el fruto de su trabajo.

999 — Clausura. Es el final de una gran fase en su vida personal o global. También es un mensaje para los trabajadores de la luz involucrados en la sanación de la Tierra y significa: "Ponte a trabajar porque la Madre Tierra te necesita ahora mismo."

000 — Un recordatorio de que usted es uno con Dios, y de que sienta en su interior la presencia del amor de su

Creador. También es una señal de que una situación ha realizado un ciclo completo.

Combinaciones de números

Los ángeles a menudo le ofrecen un mensaje que involucra una combinación de dos o más números. Estas son las combinaciones básicas de dos números de tres dígitos. Si su mensaje contiene tres o más números, mezcle las respuestas de las diferentes combinaciones de números. Por ejemplo, si advierte continuamente la secuencia 312, use el significado de la combinación del número 3 con el 1, además de la combinación de 1 y el 2.

O, si se siente guiado a hacerlo, sume los números. Siga sumando los dígitos hasta que tenga un número de un solo dígito. Luego, mire el significado de ese número particular de una lista marcada previamente de secuencias de números que contengan los tres números idénticos.

Combinaciones del número 1

1 y 2, como en 121 ó 112 — Nuestros pensamientos son como semillas que están a punto de germinar. Puede ser que haya visto alguna evidencia del fruto de sus deseos. Estas son señales de que las cosas están madurando en la dirección deseada. ¡Mantenga en alto su fe!

1 y 3, como en 133 ó 113 — Los maestros ascendidos están trabajando con usted en sus procesos de pensamientos. En muchas formas, están actuando como mentores, enseñándole la sabiduría antigua involucrada en la manifestación. Le están enviando su energía para que no se sienta desanimado y ánimo para que permanezca enfocado en las metas verdaderas de su alma. Adicionalmente, los maestros ascendidos pueden ofrecerle consejo, guía y sugerencias para que logre su propósito de vida. Sin embargo, ellos le enseñan siempre que todas las creaciones comienzan en el nivel de pensamientos e idea. Pídales que le ayuden a decidir con sabiduría lo que desea.

1 y 4, como en 114 ó 144 — Los ángeles están enfatizando intensamente que debe tener cuidado con los pensamientos que está teniendo ahora mismo. Le aconsejan que pida un deseo, ya que está a punto de manifestar sus pensamientos en este momento. (**Nota:** 411 significa: "Pídales a los ángeles información vital que necesita ahora mismo.")

1 y 5, como en 115, ó 551 — Sus pensamientos están creando los cambios en su vida. Siga dirigiendo sus pensamientos en la dirección deseada. Si los cambios que ve aproximarse no son los deseados, puede detenerlos o alterarlos modificando sus pensamientos.

1 y 6, como en 116 ó 661 — Mantenga sus pensamientos en dirección al cielo y deje las preocupaciones mundanas. (**Nota:** El 611 significa: "Pida ayuda para reparar algo en el mundo material que lo está molestando o irritando ahora mismo.")

1 y 7, como en 117 ó 771 — Esta es una confirmación de que lo está haciendo muy bien. Está en el camino correcto, ¡siga por ahí! Esta es una señal de que ha escogido muy bien sus pensamientos y que debe enfocarse con más firmeza aún en sus objetivos. Asegúrese de añadirle las suficientes emociones a sus pensamientos, por ejemplo, sintiéndose agradecido por los dones que tiene en su vida. La gratitud acelera el proceso de sus manifestaciones.

1 y 8, como en 181 ó 818 — Está acercándose al final de una fase significativa en su vida. Si está cansado de alguna parte de su vida, siéntase bien de que será pronto sanada o reemplazada con algo mejor. Entréguese y libere esas partes de su vida que no están funcionando, ya que sus pensamientos de una vida mejor están a punto de realizarse.

1 y 9, como en 119 ó 199 — Una nueva puerta se ha abierto para usted como producto de sus pensamientos. Ahora tiene la oportunidad de mirar fijamente sus pensamientos cara a cara y ver ante sus ojos sus propias creaciones. Deje que se derrumbe todo lo viejo y reemplácelo con lo nuevo según lo planificó con sus deseos.

1 y 0, como en 100 ó 110 — La guía poderosa divina de Dios y los ángeles le piden que altere sus pensamientos. Quizás ha estado pidiendo más salud y felicidad. Si así es, esta es la respuesta a sus oraciones; Dios sabe que la solución que busca emana de sus pensamientos. Pídale a Dios que guíe la dirección de sus pensamientos y Su apoyo durante esta época de transición.

Combinaciones del número 2:

2 y 1, como en 221 ó 112 — Sus pensamientos son como semillas que están a punto de germinar. Puede ser que haya visto evidencia de los frutos de sus deseos. Estas son señales de que las cosas van y están ocurriendo en la dirección que usted desea. ¡Mantenga en alto la fe!

2 y 3, como en 223 ó 323 — Los maestros ascendidos están trabajando con usted como co-creadores de su nuevo proyecto. Le están diciendo que comparten su emoción y saben que todo está funcionando bien para usted. Los maestros pueden ver que su futuro ya está garantizado para ser realizado con la felicidad que desea. ¡Disfrute esta nueva etapa de su vida!

2 y 4, como en 224 ó 244 — Tal como lo dice el texto espiritual de *Un curso en milagros:* "Los ángeles alimentan tu propósito recién nacido." Esta es una señal de que está recibiendo ayuda de lo alto para realizar las transiciones deseadas. Este es un momento en que debe saber especialmente que no está solo. Las secuencias de los números 2 y 4 son una señal de los ángeles que le están diciendo que ellos están trabajando muy cerca de usted ahora mismo.

2 y 5, como en 255 ó 225 — Sus oraciones e intenciones han sido claras, intensas y sin reservas, por lo tanto, espere un cambio antes de lo que se imagina. No se deje engañar cuando sus deseos se vuelvan realidad. Pueden ocurrir de manera inesperada, así es que aférrese a su fe. Hable a menudo con Dios y pídale que lo tranquilice.

2 y 6, como en 266 ó 226 — Una nueva compra o adquisición viene en camino.

2 y 7, como en 277 ó 272 — Si hace poco solicitó un nuevo trabajo, entrar a una escuela u obtener un préstamo, estos números indican buenas noticias. Le piden que se mantenga firme y que no permita que su fe vacile.

2 y 8, como en 288 ó 282 — Una puerta está a punto de abrirse y otra puerta está a punto de cerrarse. Asegúrese de seguir su intuición muy de cerca ahora mismo, ya que lo guiará a tomar algunos pasos para asegurarle abundancia permanente durante estas transiciones.

2 y 9, como en 299 ó 292 — Si acaba de sufrir una pérdida (trabajo, amor, etc.), espere un reemplazo en un futuro muy cercano. Todo está trabajando a su favor, aunque puede que haya alguna actividad tras bambalinas involucrada que lo haga pensar que Dios lo ha olvidado. ¡No se preocupe! Sienta la energía de su vida, la cual se *está* moviendo hacia usted ahora mismo. Su reciente pérdida no es un castigo. El universo, al contrario, lo está preparando para ofrecerle novedades.

2 y 0, como en 200 ó 202 — Dios desea que sepa que no lo ha olvidado o abandonado. Él lo ama muchísimo. De hecho, Dios está orquestando está nueva fase de su vida. Hable con Él a menudo y sentirá un milagro venir. Dios también le recuerda la importancia del "sincronismo divino." Algunas veces, es necesario que algunos factores ocurran *primero* antes de que se pueda lograr el resultado que usted desea. Mientras se aferre con fuerza a sus pensamientos y a su fe, no hay nada que le impida lograr sus deseos.

Combinaciones del número 3

3 y 1, como en 311 ó 313 — Los maestros ascendidos están trabajando con usted en sus procesos de pensamientos. En muchas formas, están actuando como mentores, enseñándole la sabiduría antigua involucrada en la manifestación. Le están enviando su energía para que no se sienta desanimado y ánimo para que permanezca enfocado en las metas verdaderas de su alma. Adicionalmente, los maestros ascendidos pueden ofrecerle consejo, guía y sugerencias para que logre su propósito de vida. Sin embargo, ellos le enseñan siempre que todas las creaciones comienzan en el nivel de pensamiento e idea. Pídales que le ayuden a decidir con sabiduría lo que desea.

3 y 2, como en 322 ó 332 — Los maestros ascendidos están trabajando con usted como co-creadores de su nuevo proyecto. Le están diciendo que comparten su emoción y saben que todo está funcionando bien para usted. Los maestros pueden ver que su futuro ya está garantizado y que será realizado con la felicidad que desea. ¡Disfrute esta nueva etapa de su vida!

3 y 4, como en 334 ó 344 — ¡Está recibiendo *mucha* ayuda ahora mismo! Tanto los maestros ascendidos como los ángeles están aquí para asistirlo, guiarlo y amarlo. Acuda a ellos, ya que ellos están ahí a su lado.

3 y 5, como en 353 ó 335 — Los maestros ascendidos desean prepararlo para un gran cambio inminente en su vida. Desean que sepa que lo están tomando de la mano durante este cambio y que todo va a estar bien. Adopte este cambio y busque las bendiciones que conlleva.

3 y 6, como en 363 ó 336 — Sus maestros ascendidos le están ayudando a manifestar las cosas que desea para su propósito divino de vida. Ya sea dinero para pagar la escuela o la forma para que logre enseñar o realizar su trabajo como sanador, los maestros están trabajando para traerle esto a su vida. Ellos desean que sepa que usted merece recibir esta ayuda y será bueno permitirle que ayude a los demás.

3 y 7, como en 377 ó 373 — Los maestros ascendidos están muy alegres. No solo ven en usted su verdadera divinidad interna, sino que además están de acuerdo con el sendero que ha escogido. Ellos desean que sepa que merece su felicidad y que permita que fluya la dicha sagrada inherente a su herencia divina y a su sendero escogido.

3 y 8, como en 338 ó 383 — "Sigue tu camino," le dicen los maestros. Aumente su energía y enfóquese en sus pensamientos y en sus sentimientos. Realinee su resultado con el conocimiento de su unidad con Dios, con todos y con todos los seres vivientes.

3 y 9, como en 393 ó 339 — Este es un poderoso mensaje que le dice que deje ir las situaciones de su vida que no estén en integridad o que no han cumplido con su propósito. No se mantenga artificialmente a las situaciones por miedo a dejarlas. Sepa que lo cuidan en todo momento. Es vital que sostenga un punto de vista positivo acerca de usted y de su futuro. Este punto de vista en realidad *crea* lo que será su experiencia, por eso es que hay que pedirles a los maestros que lo ayuden a escoger sus pensamientos desde el punto más elevado del amor.

3 y 0, como en 300 ó 330 — Dios y los maestros ascendidos están tratando de llamarle la atención, muy probablemente en relación a un asunto relacionado a su propósito divino de vida. ¿Hay alguna guía que ha estado ignorando últimamente? Si así es, podría estar sintiéndose atascado en este momento. Esta secuencia numérica es una manera que tiene el cielo para alertarlo del hecho de que debe hacer su parte en el proceso de co-creación. Esto significa escuchar y seguir su guía divina para tomar ciertas acciones.

Combinaciones del número 4

4 y 1, como en 441 ó 411 — Los ángeles le están recomendando que esté atento a sus pensamientos ahora mismo. Le aconsejan que pida un deseo, ya que está a punto de manifestar sus pensamientos en este justo momento. (**Nota:** 411 significa: "Pídales a los ángeles información vital que necesita ahora mismo.")

4 y 2, como en 422 ó 442 — Tal como lo dice el texto espiritual de *Un curso en milagros:* "Los ángeles alimentan tu propósito recién nacido." Esta es una señal de que está recibiendo ayuda de lo alto para realizar las transiciones deseadas. Este es un momento en que debe saber especialmente que no está solo. Las secuencias de los números 2 y 4 son una señal de los ángeles que le están diciendo que ellos están trabajando muy cerca de usted ahora mismo.

4 y 3, como en 443 ó 433 — ¡Está recibiendo *mucha* ayuda ahora mismo! Tanto los maestros ascendidos como los ángeles están aquí para asistirlo, guiarlo y amarlo. Acuda a ellos, ya que ellos están ahí a su lado.

4 y 5, como en 455 ó 445 — Sus ángeles están involucrados en uno de sus cambios significativos de su vida ahora mismo.

4 y 6, como en 446 ó 466 — Sus ángeles le advierten que se está enfocando demasiado en el mundo material. Le piden que les entregue sus preocupaciones a ellos para que puedan intervenir. Equilibre su enfoque entre el cielo y la tierra, y sepa que el suministro es en realidad ilimitado cuando trabaja mano a mano con la divinidad.

4 y 7, como en 477 ó 447 — Los ángeles lo felicitan y le dicen: "*¡Sigue haciendo tu trabajo así de bien! Todo te está saliendo muy bien. Sigue manteniendo tus pensamientos enfocados, porque están teniendo un efecto grandioso y positivo.*"

4 y 8, como en 488 ó 448 — Este es un mensaje de sus ángeles que dicen que una fase de su vida está a punto de terminar. Ellos desean que sepa que cuando las cosas se desaceleren, ellos estarán con usted y lo ayudaran a guiarlo a la nueva situación más apropiada para sus necesidades, deseos y propósito.

4 y 9, como en 494 ó 449 — Los ángeles le dicen que es hora de dejar ir una situación que ha terminado. Le recuerdan que cuando se cierra una puerta, otra se abre. Los ángeles están ciertamente ayudándole a abrir nuevas puertas para sanarlo de cualquier dolor que acompañe la transición por la cual está ahora pasando. Por favor, pídales a sus ángeles que lo ayuden a tener fe en que estos finales y comienzos son las respuestas a sus oraciones.

4 y 0, como en 440 ó 400 — Dios y los ángeles desean que sepa que usted es muy, muy amado. Le piden que se tome un momento para sentir este amor, ya que responderá muchas de sus respuestas y resolverá muchos de sus problemas.

Combinaciones del número 5

5 y 1, como en 511 ó 515 — Sus pensamientos están creando los cambios en su vida. Siga dirigiendo sus pensamientos en la dirección deseada. Si ve venir cambios indeseados, puede detenerlos o alterarlos modificando sus pensamientos.

5 y 2, como en 522 ó 552 — Sus oraciones e intenciones han sido claras, intensas y sin reservas, por lo tanto, espere un cambio antes de lo que se imagina. No se deje engañar cuando sus deseos se vuelvan realidad. Pueden ocurrir de manera inesperada, así es que aférrese a su fe. Hable a menudo con Dios y pídale que lo tranquilice.

5 y 3, como en 533 ó 553 — Los maestros ascendidos desean prepararlo para un gran cambio inminente en su vida. Desean que sepa que lo están tomando de la mano durante este cambio y que todo va a estar bien. Adopte este cambio y busque las bendiciones que conlleva.

5 y 4, como en 554 ó 544 — Sus ángeles están involucrados en uno de sus cambios significativos de su vida ahora mismo.

5 y 6, como en 556 ó 566 — Su vida material está dando un giro significativo, puede tratarse de una nueva casa, un automóvil u otra posesión.

5 y 7, como en 577 ó 575 — Esta es una confirmación de que usted ha "acertado" con un cambio inminente que enriquecerá su vida ya sea física, emocional o intelectualmente, o una combinación de estos tres aspectos. Siga en su camino y pronto verá la evidencia de cómo estos nuevos cambios mejoran su vida y la de aquellos que lo rodean.

5 y 8, como en 588 ó 558 — Esta secuencia numérica significa que usted está en la undécima hora o sea justo antes del cambio. No sienta temor, recibirá apoyo y amor durante este cambio, el cual es ahora inminente.

5 y 9, como en 599 ó 595 — Para que pueda manifestarse el cambio, es importante liberar el pasado. Esta secuencia numérica le pide que abandone lo antiguo y sepa que sirvió para una función vital durante su momento. Sin embargo, la vida fluye y el cambio es inevitable. Sepa que las cosas nuevas están esperándolo tras la puerta. La manera de invitar cosas nuevas en su vida es liberándose de las cosas viejas.

5 y 0, como en 500 ó 550 — Un mensaje importante que le permite saber que los cambios en su vida están en orden divino y perfecto. Son un don de Dios y están alineados con Su voluntad para su ser superior.

Combinaciones del número 6

6 y 1, como en 611 ó 661 — Mantenga sus pensamientos en dirección al cielo y deje las preocupaciones mundanas. (**Nota:** El 611 significa: "Pida ayuda para reparar algo en el mundo material que lo está molestando o irritando ahora mismo.")

6 y 2, como en 622 ó 662 — Una nueva compra o adquisición viene en camino.

6 y 3, como en 663 ó 633 — Sus maestros ascendidos le están ayudando a manifestar las cosas que desea para su propósito divino de vida. Ya sea dinero para pagar la escuela o la forma para que logre enseñar o realizar su trabajo como sanador, los maestros están trabajando para traerle esto a su vida. Ellos desean que sepa que usted merece recibir esta ayuda y será bueno permitirle que ayude a los demás.

6 y 4, como en 644 ó 664 — Sus ángeles le advierten que se está enfocando demasiado en el mundo material. Le piden que les entregue sus preocupaciones a ellos para que puedan intervenir. Equilibre su enfoque entre el cielo y la tierra, y sepa que el suministro es en realidad ilimitado cuando trabaja mano a mano con la divinidad.

6 y 5, como en 665 ó 655 — Su vida material está dando un giro significativo, puede tratarse de una nueva casa, un automóvil u otra posesión.

6 y 7, como en 667 ó 677 — Confirmación de que sus pensamientos y su labor con el mundo material van por buen camino. Ha logrado equilibrar con éxito sus pensamientos y actividades para lograr cuidar de la mente, del cuerpo y del espíritu. ¡Siga igual que va por un camino excelente!

6 y 8, como en 668 o 688 — Está a punto de separarse de algo de su mundo material, puede ser la venta de una posesión. Si no tiene intenciones de vender o de salir de algo en su vida material, puede cambiar sus pensamientos y cambiar esta dirección. Sin embargo, si tiene la intención de vender o de separarse de algo material en su vida, considere esto como una señal de que sus deseos están a punto de convertirse en realidad.

6 y 9, como en 669 ó 699 — Despréndase de sus artículos materiales, especialmente si ha tenido alguna obsesión con un tipo particular de posesión material. Esta secuencia numérica le pide que se libere y se desapegue. También es un mensaje de que algo que ha vendido o perdido está a punto de ser reemplazado con algo mejor. Ábrase a recibir nuevas posesiones que superen sus expectativas, ya que está listo para actualizarse. ¡Usted merece lo mejor!

6 y 0, como en 600 o 660 — Este es un mensaje de su Creador respecto a su vida material. Dios por medio de su guía divina, le pide que se enfoque menos en los deseos terrenales. No es que Dios le esté pidiendo que viva en la pobreza, sino más bien, que su Creador le pide que intente enfocarse un poco más en la vida espiritual para que logre cubrir todas sus necesidades. Tan solo tenga fe y sienta gratitud, y ábrase a las nuevas señales u oportunidades que le brindarán todas las cosas materiales que necesita. *"Buscad primero el Reino de los cielos y todo lo demás os llegará* *por añadidura"* es el corazón del mensaje de esta secuencia numérica. Si desea más información referente a este proceso, puede leer *The Abundance Book* (El libro de la abundancia) de John Randolph Price (publicado por Hay House) o "El sermón de la montaña" en el evangelio según San Mateo.

Combinaciones del número 7

7 y 1, como en 711 ó 771 — Esta es una confirmación de que lo está haciendo muy bien. Está en el camino correcto, ¡siga por ahí! Esta es una señal de que ha escogido muy bien sus pensamientos y que debe enfocarse con más firmeza aún en sus objetivos. Asegúrese de añadirle las suficientes emociones a sus pensamientos; por ejemplo, sintiéndose agradecido por los dones que tiene en su vida. La gratitud acelera el proceso de sus manifestaciones.

7 y 2, como en 722 ó 772 — Si hace poco solicitó un nuevo trabajo, entrar a una escuela u obtener un préstamo, estos números indican buenas noticias. Le piden que se mantenga firme y que no permita que su fe vacile.

7 y 3, como en 773 ó 733 — Los maestros ascendidos están muy alegres. No solo ven en usted su verdadera divinidad interna, sino que además están de acuerdo con el sendero que ha escogido. Ellos desean que sepa que merece su felicidad y que permita que fluya la dicha sagrada inherente a su herencia divina y a su sendero escogido.

7 y 4, como en 774 ó 744 — Los ángeles lo felicitan y le dicen: "*¡Sigue haciendo tu trabajo así de bien! Todo te está* *saliendo muy bien, Sigue manteniendo tus pensamientos enfocados, porque están teniendo un efecto grandioso y positivo."*

7 y 5, como en 775 ó 755 — Esta es una confirmación de que usted ha "acertado" con un cambio inminente que enriquecerá su vida ya sea física, emocional o intelectualmente, o una combinación de estos tres aspectos. Siga en su camino y pronto verá la evidencia de cómo estos nuevos cambios mejoran su vida y la de aquellos que lo rodean.

7 y 6, como en 776 ó 766 — Confirmación de que sus pensamientos y su labor con el mundo material van por buen camino. Ha logrado equilibrar con éxito sus pensamientos y actividades para lograr cuidar de la mente, del cuerpo y del espíritu. ¡Siga igual que va por un camino excelente!

7 y 8, como en 778 ó 788 — ¿Ha estado sintiendo que alguna parte de su vida está a punto de finalizar, un trabajo quizás o una relación? Esta es una confirmación de que sus sentimientos están acertados. Este cierre significa un cambio positivo significativo en la situación o podría tratarse de alguna parte de su vida que está cerca de llegar a su fin. Independientemente de cuál de las dos situaciones sea, esta secuencia numérica presagia buenas nuevas relacionadas con un cambio positivo venidero que involucra el término de una situación intensa. Tenga un poco de paciencia, porque su vida está a punto de volverse más fácil.

7 y 9, como en 779 ó 799 — ¡Felicitaciones! Se está despojando de partes viejas de su vida que ya no se ajustan a su realidad presente. Está viviendo una vida más auténtica que está en integridad con su punto de vista personal más elevado. Esta secuencia numérica aplaude su decisión de vivir con honestidad.

7 y 0, como en 700 ó 770 — Es como si Dios le dijera directamente "¡Bien hecho!" elogiándolo por su trabajo mental, espiritual y físico. Usted está ayudándose y ayudando a los demás en su sendero actual y Dios le pide que siga trabajando igual de bien.

Combinaciones del número 8

8 y 1, como en 811 ó 881 — Está acercándose al final de una fase significativa en su vida. Si está cansado de alguna parte de su vida, siéntase bien de que será pronto sanada o reemplazada con algo mejor. Entréguese y libere esas partes de su vida que no están funcionando, ya que sus pensamientos de una vida mejor están a punto de realizarse.

8 y 2, como en 822 ó 882 — Una puerta está a punto de abrirse y otra puerta está a punto de cerrarse. Asegúrese de seguir su intuición muy de cerca ahora mismo, ya que lo guiará a tomar algunos pasos para asegurarle abundancia permanente durante estas transiciones.

8 y 3, como en 883 ó 833 — "Sigue tu camino," le dicen los maestros. Aumente su energía y enfóquese en sus pensamientos y en sus sentimientos. Realinee su resultado con el conocimiento de su unidad con Dios, con todos y con todos los seres vivientes.

8 y 4, como en 884 ó 844 — Este es un mensaje de sus ángeles que dicen que una fase de su vida está a punto de terminar. Ellos desean que sepa que cuando las cosas se desaceleren, ellos estarán con usted y lo ayudarán a guiarlo a la nueva situación más apropiada para sus necesidades, deseos y propósito.

8 y 5, como en 885 ó 855 — Esta secuencia numérica significa que usted está en la undécima hora o sea justo antes del cambio. No tenga temor, recibirá apoyo y amor durante este cambio, el cual es ahora inminente.

8 y 6, como en 886 ó 866 — Está a punto de separarse de algo de su mundo material, así como la venta de una posesión. Si no tiene intenciones de vender o de salir de algo en su vida material, puede cambiar sus pensamientos y cambiar esta dirección. Sin embargo, si tiene la intención de vender o de separarse de algo material en su vida, considere esto como una señal de que sus deseos están a punto de convertirse en realidad.

8 y 7, como en 887 ó 877 — ¿Ha estado sintiendo que alguna parte de su vida está a punto de finalizar, un trabajo quizás o una relación? Esta es una confirmación de que sus sentimientos están en lo cierto. Este cierre significa un cambio positivo significativo en la situación o podría tratarse de alguna parte de su vida que está cerca de llegar a su fin. Independientemente de cual de las dos situaciones sea, esta secuencia numérica presagia buenas nuevas relacionadas con un cambio positivo venidero que involucra el término de una situación intensa. Tenga un poco de paciencia, porque su vida está a punto de volverse más fácil.

8 y 9, como en 889 ó 899 — Una fase significativa en su vida ha llegado a su final, trayendo consigo otros eventos que también terminarán en un efecto dominó. Como un tren que llega al final de la vida férrea, un vagón se detendrá mientras que los vagones siguientes se tomarán un momento para desacelerar antes de detenerse por completo. Esta secuencia numérica es un mensaje que le indica que está en una cadena de sucesos, en donde varias partes de su vida están desacelerándose y deteniéndose. No se preocupe, porque estos cambios son necesarios para que comiencen nuevas secuencias y circunstancias en su vida.

8 y 0, como en 800 ó 808 — Un mensaje de su Creador Divino que significa que los finales inminentes son parte de Su plan general Divino. Son respuestas a sus oraciones y están alineados con la voluntad de Dios para usted. Pídale a Dios que lo ayude a disipar cualquier temor o preocupación relacionados con los cambios que vienen en camino.

Combinaciones del número 9

9 y 1, como en 991 ó 919 — Una nueva puerta se ha abierto para usted como producto de sus pensamientos. Ahora tiene la oportunidad de mirar fijamente sus pensamientos cara a cara y ver ante sus ojos sus propias creaciones. Deje que se derrumbe todo lo viejo y reemplácelo con lo nuevo según lo planificó con sus deseos.

9 y 2, como en 992 ó 922 — Si acaba de sufrir una pérdida (trabajo, amor, etc.), espere un reemplazo en un futuro muy cercano. Todo está trabajando a su favor, aunque puede que haya alguna actividad tras bambalinas involucrada que lo haga pensar que Dios lo ha olvidado. ¡No se preocupe! Sienta la energía de su vida, la cual se *está* moviendo hacia usted ahora mismo. Su reciente pérdida no es un castigo. El universo, al contrario, lo está preparando para ofrecerle novedades.

9 y 3, como en 993 ó 939 — Este es un poderoso mensaje que le dice que deje ir las situaciones de su vida que no están en integridad o que no han cumplido con su propósito. No se mantenga artificialmente a las situaciones por miedo a dejarlas. Sepa que lo cuidan en todo momento. Es vital que sostenga un punto de vista positivo acerca de usted y de su futuro. Este punto de vista en realidad *crea* lo que será su experiencia, por eso es que hay que pedirles a los maestros que lo ayuden a escoger sus pensamientos desde el punto más elevado del amor.

9 y 4, como en 994 ó 944 — Los ángeles le dicen que es hora de dejar ir una situación que ha terminado. Le recuerdan que cuando se cierra una puerta, otra se abre. Los ángeles están ciertamente ayudándole a abrir nuevas puertas para sanarlo de cualquier dolor que acompañe la transición por la cual está ahora pasando. Por favor, pídales a sus ángeles que lo ayuden a tener fe en que estos finales y comienzos son las respuestas a sus oraciones.

9 y 5, como en 959 ó 995 — Para que pueda manifestarse el cambio, es importante liberar el pasado. Esta secuencia numérica le pide que abandone lo antiguo y sepa que sirvió para una función vital durante su momento. Sin embargo, la vida fluye y el cambio es inevitable. Sepa que las cosas nuevas están esperándolo tras la puerta. La manera de invitar cosas nuevas en su vida es liberándose de las cosas viejas.

9 y 6, como en 966 ó 996 — Despréndase de sus artículos materiales, especialmente si ha tenido alguna obsesión con un tipo particular de posesión material. Esta secuencia numérica le pide que se libere y se desapegue. También es un mensaje de que algo que ha vendido o perdido está a punto de ser reemplazado con algo mejor. Ábrase a recibir nuevas posesiones que superen sus expectativas, ya que está listo para actualizarse. ¡Usted merece lo mejor!

9 y 7, como en 977 ó 997 — ¡Felicitaciones! Se está despojando de partes viejas de su vida que ya no se ajustan a su realidad presente. Está viviendo una vida más auténtica que está en integridad con su punto de vista personal más elevado. Esta secuencia numérica aplaude su decisión de vivir con honestidad.

9 y 8, como en 998 ó 988 — Una fase significativa en su vida ha llegado a su final, trayendo consigo otros eventos que también terminarán en un efecto dominó. Como un tren que llega al final de la vida férrea, un vagón se detendrá mientras que los vagones siguientes se tomarán un momento para desacelerar antes de detenerse por completo. Esta secuencia numérica es un mensaje que le indica que está en una cadena de sucesos, en donde varias partes de su vida están desacelerándose y deteniéndose. No se preocupe, porque estos cambios son necesarios para que comiencen nuevas secuencias y circunstancias en su vida.

9 y 0, como en 900 ó 909 — Este es un mensaje de su Creador que significa que la parte de su vida que acaba de terminar está siendo guiada divinamente. Nada se pierde en verdad. No existen la muerte ni los accidentes. Su reciente cambio de vida, en el cual una parte significativa de su vida se paralizó o se alteró, es en realidad una respuesta a su oración. Dios le está diciendo que Él no ha tomado nada suyo u "ocasionándole" su pérdida. Más bien, su plan de vida o sus oraciones invocaron este cambio en su vida para usted, a través de su poder inherente otorgado por Dios. Esté dispuesto a perdonar a todas las personas involucradas para que pueda sentirse de nuevo liviano y libre al entrar a esta nueva y hermosa fase de su vida.

Combinaciones del número 0

0 y 1, como en 001 ó 010 — La guía poderosa divina de Dios y los ángeles le piden que altere sus pensamientos. Quizás ha estado pidiendo más salud y felicidad. Si así es, esta es la respuesta a sus oraciones, Dios sabe que la solución que busca emana de sus pensamientos. Pídale a Dios que guíe la dirección de sus pensamientos y Su apoyo durante esta época de transición.

0 y 2, como en 002 ó 020 — Dios desea que sepa que no lo ha olvidado o abandonado. Él lo ama muchísimo. De hecho, Dios está orquestando está nueva fase de su vida. Hable con Él a menudo y sentirá un milagro venir. Dios también le recuerda la importancia del "sincronismo divino." Algunas veces, es necesario que algunos factores ocurran *primero* antes de que se pueda lograr el resultado que usted desea. Mientras se aferre con fuerza a sus pensamientos y a su fe, no hay nada que le impida lograr sus deseos.

0 y 3, como en 003 ó 300 — Dios y los maestros ascendidos están tratando de llamarle la atención, muy probablemente en relación a un asunto relacionado a su propósito divino de vida. ¿Hay alguna guía que ha estado ignorando últimamente? Si así es, podría estar sintiéndose atascado en este momento. Esta secuencia numérica es una manera que tiene el cielo para alertarlo del hecho de que debe hacer su parte en el proceso de co-creación. Esto significa escuchar y seguir su guía divina para tomar ciertas acciones.

0 y 4, como en 040 ó 400 — Dios y los ángeles desean que sepa que usted es muy, muy amado. Le piden que se tome un momento para sentir este amor, ya que responderá muchas de sus respuestas y resolverá muchos de sus problemas.

0 y 5, como en 050 ó 055; y 0, como en 500 ó 550 — Un mensaje importante que le permite saber que los cambios en su vida están en orden divino y perfecto. Son un don de Dios y están alineados con Su voluntad para su ser superior.

0 y 6, como en 006 ó 066: Este es un mensaje de su Creador respecto a su vida material. Dios por medio de su guía divina le pide que se enfoque menos en los deseos terrenales. No es que Dios le esté pidiendo que viva en la pobreza, sino más bien, que su Creador le pide que intente enfocarse un poco más en la vida espiritual para que logre cubrir todas sus necesidades. Tan solo tenga fe y sienta gratitud, y ábrase a las nuevas señales u oportunidades que le brindarán todas las cosas materiales que necesita. *"Buscad primero el Reino de los cielos y todo lo demás os llegará por añadidura"* es el corazón del mensaje de esta secuencia numérica. Si desea más información referente a este proceso, puede leer *The Abundance Book* (El libro de la abundancia) de John Randolph Price (publicado por Hay House) o "El sermón de la montaña" en el evangelio según San Mateo.

0 y 7, como en 007 ó 070 — Una felicitación de Dios, elogiándolo por su trabajo mental, espiritual y físico. Usted está ayudándose y ayudando a los demás en su sendero actual y Dios le pide que siga trabajando igual de bien.

0 y 8, como en 088 ó 080 — Un mensaje de su Creador Divino que significa que los finales inminentes son parte de Su plan general Divino. Son respuestas a sus oraciones y están alineados con la voluntad de Dios para usted. Pídale a Dios que lo ayude a disipar cualquier temor o preocupación relacionados con los cambios que vienen en camino.

0 y 9, como en 099 ó 090 — Este es un mensaje de su Creador que significa que la parte de su vida que acaba de terminar está siendo guiada divinamente. Nada se pierde en verdad. No existen la muerte ni los accidentes. Su reciente cambio de vida, en el cual una parte significativa de su vida se paralizó o se alteró, es en realidad una respuesta a su oración. Dios le está diciendo que Él no ha tomado nada suyo u "ocasionándole" su pérdida. Más bien, su plan de vida o sus oraciones invocaron este cambio en su vida para usted, a través de su poder inherente otorgado por Dios. Esté dispuesto a perdonar a todas las personas involucradas para que pueda sentirse de nuevo liviano y libre al entrar a esta nueva y hermosa fase de su vida.

APÉNDICE

Ejercicio del perdón. "Libérese ahora mismo"

Cualquiera puede sentirse más en paz y con más energía a través del proceso del perdón. Este proceso trae a mi memoria cuando uno tira pesas por la borda en un paseo volando en un globo para poder aligerarlo. La ira, el miedo y el resentimiento acumulados son pesos muertos que nos desaceleran y agotan nuestra vitalidad. Quizás usted tenga algún peso que pueda tirar por la borda de su globo ahora mismo. Cuando perdona a todo el mundo, incluyéndose a usted, se vuelve mucho más liviano y mucho menos temeroso.

Este proceso le tomará entre media y una hora, y créame, es una inversión del tiempo muy valiosa. Muchos clientes me han reportado que este sencillo ejercicio ha transformado sus vidas en una manera positiva y poderosa. Estos son los pasos para lograr la libertad a través del perdón:

1. Conozca los beneficios del perdón — El perdón es distinto a decir: "Perdí," o "Estaba equivocado y tú estabas en lo cierto." Es distinto a redimir a alguien por un acto que uno ha percibido como erróneo. El perdón simplemente es el acto de liberar su espíritu y convertirse en un ser ilimitado. El premio es el incremento de su paz y su energía y el perdón es el precio. Para mí, es una verdadera ganga.

2. Haga un inventario del perdón — (Este ejercicio está basado parcialmente en el trabajo del autor John Randolph Price.) Escriba el nombre de *todas* las personas, vivas o muertas, que lo hayan irritado en su vida. La mayoría de las personas pueden llenar tres o cuatro páginas y de repente encuentran nombres de personas en las cuales no habían pensado en años. Algunas personas ponen hasta el nombre de mascotas que en algún momento los enojaron, y casi todo el mundo escribe su propio nombre en la lista.

3. Libérese y perdone — En un cuarto solitario en donde no haya interrupciones, repase su lista nombre por nombre. Mantenga en su mente la imagen de cada persona en su mente y dígale: "Te perdono y te libero. No te guardo ningún rencor. Mi perdón hacia ti es total. Soy libre y tú eres libre." Este proceso podría tomarle media hora o más. Sin embargo, es importante seguir hasta agotar todos los nombres en la lista.

4. Haga indultos todas las noches — Cada noche antes de dormir, revise mentalmente su día. ¿Hay alguien a quién deba perdonar? Al igual que lava su cara cada noche, también es importante limpiar su conciencia con la misma frecuencia para que no se acumule el resentimiento.

La visualización del corral

Después de relajarse con respiraciones lentas y profundas, cierre sus ojos y póngase en una posición cómoda.

Imagínese que está parado en medio de un paraje en la campiña. Hay un camino al frente suyo, a través de este camino se le cubren todas sus necesidades en los campos material, espiritual y emocional. Este camino pasa a través de un corral para llegar hasta donde usted se encuentra. El corral tiene dos puertas: una al frente del camino y otra al frente suyo. Si las dos puertas se abren, todo su interior está disponible para fluir fácilmente hacia usted y los dones que obtiene fluyen entonces hacia el mundo desde su interior.

Cada vez que sentimos rencor hacia alguien, aprisionamos esa persona en nuestras mentes en donde los flagelamos mentalmente con nuestras frases de culpa y reproche. La imagen de la persona que resentimos queda "acorralada" en nuestra conciencia y las puertas del corral se cierran estruendosamente como las puertas de una prisión. Usted tiene que entrar en el corral con la persona que ha juzgado para supervisar su encarcelamiento. De esta manera, las dos puertas quedan confinadas y su corral, cerrado con cerrojo, bloquea entonces su flujo y el paso de sus dones.

Vea dentro de su corral ahora mismo y observe quién está en su interior. Vea el alto precio que tiene que pagar por mantener a estas personas encorraladas. Si está listo para perdonar, imagínese que las puertas de su corral se abren automáticamente. Visualice a todo aquel que está en el corral caminando libre, feliz y absuelto. Deséeles el bien. Parece difícil, trate de perdonar a la persona en vez de sus acciones. Al perdonar, sienta el alivio y vea cómo se renuevan sus energías al alejarse el rencor. Asegúrese de que usted no se haya quedado en el corral debido a un juicio que su ego tenga en contra de usted mismo.

Revise su corral a menudo, especialmente cuando se sienta cansado, enfermo o temeroso. Descubrirá que estos son los momentos en que tiene más personas encerradas en su corral (incluyéndose usted). Una vez que haya abierto las puertas y quitado los obstáculos del corral, sus emociones y su nivel de energía mejorarán.

Afirmaciones angélicas

Diga estas afirmaciones a diario para incrementar la confianza y el amor a sí mismo. Puede grabarlas con su propia voz, lo cual se convertirá en una cinta de audio con afirmaciones poderosas, o sáquele una fotocopia a esta página y colóquela en un lugar destacado. Añada sus propias afirmaciones personales relacionadas con sus metas y sus deseos.

- *Estoy ahora mismo rodeado de ángeles.*
- *Los ángeles reflejan en mí y a través de mí el amor de Dios.*
- *Acepto este amor de Dios y los ángeles.*
- *Merezco amor.*
- *Merezco felicidad.*
- *Merezco salud.*
- *Merezco ayuda del cielo y la acepto ahora.*
- *Invoco a Dios y a los ángeles en busca de ayuda y de guía.*
- *Escucho mi voz interior y mis sentimientos.*
- *Mi voz interior y mis sentimientos son la guía que me brindan Dios y los ángeles.*
- *Esta guía es todo lo que necesito.*
- *Sigo mi guía con toda fidelidad lleno de fe.*
- *Sé que Dios y los ángeles me aman y me están guiando ahora mismo.*
- *Acepto el amor de los ángeles.*
- *Acepto el amor.*
- *Amo.*
- *Soy amor.*
- *Estoy amando.*
- *Soy muy amado.*
- *Todo el mundo me ama.*
- *Amo a todo el mundo.*
- *Perdono a todo el mundo.*
- *Me perdono a mí mismo.*
- *Le envío el amor de Dios a todo aquel que me encuentro en mi camino.*
- *Cuido atentamente mis pensamientos y permito que solo pensamientos positivos y amorosos pasen por mi mente.*
- *Hay amor en abundancia en el mundo.*
- *Hay suficiente amor para todo el mundo.*
- *Hay suficiente de todo para todos.*
- *Tengo abundancia de todo.*
- *Atraigo personas maravillosas y amorosas en mi vida.*
- *Mis ángeles y yo disfrutamos nuevas oportunidades para prestarle servicio al mundo.*
- *Recibo recompensas constantemente.*
- *Mi vida es armoniosa y pacífica.*
- *Estoy en paz.*
- *Estoy resplandeciente.*
- *Estoy dichoso.*

Acerca de la autora

Doreen Virtue (sí, ese *es* su verdadero apellido*) es psicoterapeuta clarividente con licenciatura, maestría y doctorado como psicóloga consejera de Chapman University, una importante institución privada en Orange, California. La doctora Virtue ha escrito 22 libros, incluyendo *Divine Guidance (Guía divina), Angel Therapy (Terapia con los ángeles), The Lightworker's Way, (El camino del trabajador de la luz)* y ha producido las cintas de audio para los libros *Sanación con los ángeles* y *Chakra Clearing (Purificación de los chacras).*

La doctora Virtue dicta talleres relacionados con la psicología espiritual a lo largo y ancho de Norteamérica, tratando temas sobre terapias y comunicación con los ángeles y sanación espiritual. Muchos de sus estudiantes son profesionales de la medicina y la psicología, incluyendo médicos, enfermeros, psicólogos y trabajadores sociales. El don de clarividencia de Doreen le permite ver y comunicarse con los ángeles de las personas que están físicamente a su lado, así como con las personas con las cuales se comunica por teléfono. Como consecuencia de este hecho, los medios de comunicación le piden a menudo que realice "sesiones con los ángeles" al aire y por medio del teléfono, en las cuales ella describe y conversa con los ángeles guardianes y las personas fallecidas de los miembros de la audiencia. La doctora Virtue ha aparecido

---

Nota de la traductora: Virtue en inglés significa "virtud."

en programas de televisión tales como *Oprah*, CNN, *Good Morning America*, *The View* con Barbara Walters, y otros. Su trabajo ha salido en las revistas *Redbook*, *Woman's Day*, *USA Today* y en publicaciones nacionales y regionales de los Estados Unidos.

Para mayor información acerca de los talleres de la doctora Virtue, por favor contacte a Hay House o visite su página de Internet en www.AngelTherapy.com.

꧁ ꧁ ꧁

Notas

Notas

Notas

Notas

Notas

Notas

Notas

Notas

Notas

Notas